SÉ TÚ MISMO

La locura
de la superación
personal

SÉ
TÚ
MISMO

Svend Brinkmann

Título original en danés: *Stå Fast*
© Svend Brinkmann & Gyldendal, Copenhaguen 2015. Published by agreement with Gyldendal Group Agency.
© De la traducción: Maria Rosich Andreu
Corrección: Yohannia Pérez Valdés

Diseño de cubierta: Vanina de Monte

Primera edición, marzo de 2020

Derechos reservados para todas las ediciones en castellano

© Ned Ediciones, 2020

Preimpresión: Fotomposición gama, sl

Esta obra se benefició del apoyo de la Fundación Danesa de las Artes

ISBN: 978-84-16737-87-1
Depósito legal: B.189-2020

Impreso en Podiprint

Impreso en España
Printed in Spain

La reproducción total o parcial de esta obra sin el consentimiento expreso de los titulares del *copyright* está prohibida al amparo de la legislación vigente.

Ned Ediciones
www.nedediciones.com

ÍNDICE

Introducción. La vida en una cultura cada vez
más rápida 9
Pies y raíces: movilidad y estabilidad 14
Encontrar un punto de apoyo 18

1. Deja de mirarte el ombligo 27
El instinto 29
¿Encontrarse a uno mismo, o aprender a vivir
con uno mismo? 34
La máquina de las paradojas 37
¿Qué puedo hacer? 41

2. Céntrate en lo negativo de tu vida 45
La tiranía del pensamiento positivo 46
La psicología positiva 49
El líder positivo y apreciativo que reconoce
nuestro valor 52
Culpabilizar a la víctima 54
Quejarse 55
La vida sigue 57
¿Qué puedo hacer yo? 59

3. Aprende a decir que no 63
¿Qué es decir siempre que sí y por qué lo hacemos? . . 66

La ética de la duda en la sociedad del riesgo 70
¿Qué puedo hacer yo? 77

4. Reprime tus sentimientos........................ 79
   La cultura emocional 82
   Las consecuencias de la cultura emocional 89
   ¿Qué puedo hacer yo? 94

5. Despide a tu *coach*........................... 99
   La *coachificación* de la vida 100
   Los peligros el *coaching* 104
   Coaching y amistad 108
   ¿Qué puedo hacer yo? 110

6. Lee novelas: ni libros de autoayuda, ni biografías .. 115
   Los grandes géneros literarios actuales 118
   La novela como tecnología del yo................. 122
   Literatura sin ilusiones........................ 126
   ¿Qué puedo hacer yo? 134

7. Vive en el pasado............................. 139
   El significado personal del pasado 144
   ¿Qué puedo hacer yo? 149

Conclusión: El estoicismo en una cultura acelerada... 155
   El estoicismo................................ 159
   El estoicismo griego 161
   El estoicismo romano.......................... 168

Agradecimientos................................ 173

INTRODUCCIÓN
LA VIDA EN UNA CULTURA CADA VEZ MÁS RÁPIDA

A muchos nos parece que todo va cada vez más rápido. Parece que el ritmo de vida se acelera. Continuamente tenemos que acostumbrarnos a tecnologías nuevas, reestructuraciones laborales y modas de nutrición, ropa y curas milagrosas que cambian cada dos por tres. Te compras un *smartphone* nuevo y enseguida te ves obligado a descargarte actualizaciones de *software* para poder usar las últimas aplicaciones. Apenas te acostumbras al sistema informático de tu trabajo, instalan otro. Y justo cuando has aprendido a convivir con un colega molesto, hay un cambio organizativo y te toca incorporarte a otro equipo con otras personas. Trabajamos en organizaciones de aprendizaje cuya única constante es el cambio continuo, y de lo único que podemos estar seguros es que lo que aprendimos ayer, mañana estará obsoleto. Por eso el aprendizaje continuo y el desarrollo de competencias se han convertido en conceptos clave que aparecen por todas partes en el sistema educativo, empresas y organizaciones.

Los sociólogos describen nuestra época con metáforas como «modernidad líquida»[1] para indicar que todo está en

---

1. Esta metáfora fue lanzada por el sociólogo Zygmunt Bauman (2000) en su libro*Liquid Modernity*, Polity, Cambridge, así como una larga serie

Sé tú mismo

un estado de cambio permanente. El *tiempo* en concreto es algo que se considera líquido; también se podría decir que nos sentimos como si todo fluyera. Lo que nadie sabe es hacia dónde fluyen las cosas, ni por qué. Hay quien dice que la globalización (o, más concretamente, «la amenaza de la globalización») significa que el cambio constante es inevitable: las empresas tienen que ser capaces de adaptarse a los deseos y las preferencias cambiantes de los mercados y, por tanto, los trabajadores deben ser flexibles y estar predispuestos a cambiar. Los anuncios de trabajo llevan un par de décadas repitiendo machaconamente la frase «se busca trabajador flexible, adaptable e interesado en el desarrollo personal y profesional». Lo peor que puede hacer uno es no avanzar: estar quieto mientras todo el mundo avanza significa quedarse atrás. Hoy en día, quedarte donde estás es retroceder.

En la modernidad líquida, también conocida como capitalismo flexible, posfordismo o sociedad de consumo, el individuo debe, por encima de todo, seguir el ritmo;[2] pero eso, en una cultura en la que todo se acelera sin parar, cuesta cada vez más. El ritmo al cual lo hacemos todo (cambiar de trabajo, escribir un artículo, hacer la cena, etcétera) no ha dejado de incrementarse en los últimos años. Por ejemplo,

---

de libros posteriores que analizan, entre otros, conceptos como amor, miedo, cultura y la vida en sí a la luz de la metáfora «líquida».

2. He analizado este punto en el libro *Identitet – udfordringer i forbrugersamfundet* [Identidad: desafíos de la sociedad de consumo], Kllim, Århus, 2008.

Introducción

hoy en día dormimos media hora menos de media que en 1970 y hasta dos horas menos que en el siglo XIX.[3] Se ha acelerado el ritmo de casi todos los aspectos de la vida, de modo que ahora nos encontramos ante comida rápida, *speed-dating*, *power-naps* y terapias a corto plazo. Hace poco probé una aplicación llamada Spritz que muestra las palabras de una en una, pero puede incrementar la velocidad lectora del usuario de aproximadamente 250 a entre 500 y 600 palabras por minuto: de repente, ¡se puede leer una novela en un par de horas! Pero esa velocidad ¿ayuda a entender mejor la literatura? ¿Por qué se ha convertido la rapidez en un fin en sí mismo?

Los críticos de este ritmo acelerado destacan que conduce a una sensación general de alienación de nuestras actividades y que nos hace sentir en todo momento como si nos faltara tiempo. Los avances tecnológicos deberían proporcionarnos libertad: darnos tiempo de jugar al fútbol con nuestros hijos, hacer cerámica o discutir sobre política, pero en realidad lo que ocurre es lo contrario, ya que dedicamos el tiempo que ganamos (es decir, el tiempo que ahorramos automatizando cada vez más las cadenas de montaje y el trabajo rutinario... o enviándolo al Tercer Mundo) a nuevos

---

3. Lo ha demostrado el sociólogo Hartmut Rosa (2010) en el libro *Alienation and Acceleration: Towards a Critical Theory of Late-Modern Temporality*, NSU Press, Malmö. Yo mismo también he descrito el fenómeno en mi aportación al libro *Nye perspektiver på stress*, editado por Malene Friis Andersen y Svend Brinkmann (Klim, Århus, 2013).

proyectos que embutimos en una agenda ya muy apretada. En nuestro mundo secularizado ya no vemos el paraíso eterno como una zanahoria a la que aspirar, sino que intentamos meter todo lo que podemos en una vida relativamente corta. Ni qué decir que llenar la vida de este modo es un proyecto fútil, destinado al fracaso. Es tentador considerar que la actual epidemia de depresión y *burnout* es la reacción del individuo ante su incapacidad de soportar la aceleración constante. Y en esta cultura caracterizada por un desarrollo frenético, una persona que desacelera, que reduce el ritmo en lugar de aumentarlo (quizás hasta el punto de detenerse completamente), parece fuera de lugar y su comportamiento puede llegar a interpretarse como algo patológico (lo cual lleva a diagnósticos de depresión).[4]

¿Cómo se puede mantener el ritmo de una cultura que no para de acelerar? Mantener el ritmo implica una voluntad de adaptación constante. Implica un desarrollo continuo a nivel personal y profesional. Los escépticos describen el aprendizaje a lo largo de la vida como «aprender hasta la tumba» (para mucha gente, los cursos infinitos planteados por consultores con buena voluntad son como una tortura o hasta una especie de purgatorio). En las organizaciones de aprendizaje modernas, con estructuras de dirección horizontales, delegación de responsabilidades, equipos autóno-

---

4. El sociólogo danés Anders Petersen (2011) lo ha descrito en numerosas ocasiones, por ejemplo, en el artículo «Authentic self-realization and depression», *International Sociology,* n.º 26, págs. 5-24.

mos y límites difusos o inexistentes entre trabajo y vida privada, nos parece que no hay nada más importante que nuestras competencias personales, sociales, emocionales y de aprendizaje. En ausencia de un jefe autoritario que dicte las órdenes, nos vemos obligados a negociar con otros, trabajar en equipo y decidir qué es lo correcto. Actualmente, el empleado ideal es el que se ve como un depósito de competencias y considera que mantenerlas al día, desarrollarlas y optimizarlas es responsabilidad suya.

Todas las relaciones humanas y las prácticas relacionadas con lo que antaño se solían considerar asuntos personales, hoy en día se ven como herramientas, y empresas y organizaciones las ponen en práctica para impulsar el desarrollo de los trabajadores. Se instrumentalizan sentimientos y características personales. Y si alguien no puede aguantar el ritmo (si es demasiado lento, no tiene suficiente energía o simplemente llega a un punto en que no puede más), los remedios que se le prescriben son *coaching*, gestión del estrés, *mindfulness* y pensamiento positivo. Se nos recomienda «aprovechar el momento» y es fácil perder el norte y la noción del tiempo cuando todo se acelera. Se considera reaccionario anclarse en el pasado, mientras que el futuro es sólo una serie de momentos imaginados e inconexos y no una trayectoria de vida coherente. Pero ¿es posible planificar a largo plazo cuando el mundo está tan centrado en el cortoplacismo? ¿Tiene sentido planificarlo todo? No, porque puede pasar cualquier cosa y si uno se aferra a ideales a largo plazo, o a objetivos y valores estables, se le considera «reticente al cambio» (así es como lo llaman los *coaches*, cuya misión es ayudarnos a cambiar). El mantra es «piensa positivo y busca soluciones»; no queremos oír más quejas ni ver más caras largas. Las críticas no se aceptan, porque son una fuente de negatividad, y todo el mundo sabe que, para estar bien, hay que «hacer lo que se te da mejor», ¿no?

Pies y raíces: movilidad y estabilidad

Tal y como expresó una vez un filósofo,[5] en nuestra cultura, cada vez más acelerada, se prima la movilidad sobre la estabilidad. Quien tiene pies puede moverse. Es móvil, «líquido», adaptable; puede correr, bailar y desplazarse en todas direcciones según sea necesario. En cambio, quien tiene raíces está fijo en un sitio. Puede doblarse como una planta, pero no se puede mover. Sin embargo, en esta cultura de la velocidad acelerada, la expresión «echar raíces» sigue teniendo connotaciones positivas, aunque tal vez un poco anticuadas. Echar raíces representa estar vinculado a otras personas (familia, amigos, hijos, ideales) y tal vez hasta tener un sitio en el cual estés a gusto o trabajar en un lugar hacia el cual sientas una cierta lealtad. Sin embargo, hoy en día ese significado positivo de echar raíces a menudo se tiñe de negativo. Cada vez menos personas echan raíces en el sentido

5. Creo recordar que fue Arno Victor Nielsen.

demográfico. Cambiamos de trabajo, de pareja y de lugar de residencia mucho más a menudo que las generaciones anteriores. También tenemos más tendencia a decir que alguien «se ha quedado estancado» en lugar de que «ha echado raíces». Un comentario como «estás estancado en ese trabajo» no es nada positivo.

Este fenómeno contemporáneo es muy evidente en la publicidad. Los anuncios son la poesía del capitalismo: revelan las estructuras subconscientes y simbólicas de la sociedad. Hace unos años, vi un anuncio de la cadena de hoteles InterContinental que leía así: «No puedes tener un lugar favorito hasta que los hayas visto todos». Este texto iba acompañado de la imagen de una isla tropical y de la pregunta: «¿Vives una vida InterContinental?». Según este anuncio, pues, no podemos tener un lugar favorito, no podemos sentirnos *vinculados* a ningún lugar en concreto, hasta que los hayamos visto todos. Ése es el mensaje y es el extremo de la filosofía de «más vale pies que raíces» que prima la movilidad sobre la estabilidad. Atarnos a algo representa aislarnos del resto de lugares magníficos del mundo. Si lo aplicamos a otro ámbito de la vida, el anuncio se vuelve descaradamente absurdo y su eslogan, inútil: no puedes tener un trabajo favorito hasta que los hayas probado todos. No puedes tener un esposo favorito hasta que los hayas «probado» todos. ¿Y si con otro trabajo me desarrollaría más como persona? ¿Y si otra persona pudiera enriquecer más mi vida que la persona con quien la comparto ahora mismo? En el siglo XXI, en una época en que

Sé tú mismo

se antepone la movilidad a la estabilidad, mucha gente tiene grandes dificultades para establecer relaciones de pareja o con cónyuges y amigos. Muchas veces, las relaciones que mantenemos son lo que se conoce como «relaciones puras», es decir, basadas únicamente en emociones.[6] Las relaciones puras no tienen criterios externos, y las consideraciones prácticas (como por ejemplo la seguridad económica), no tienen importancia: se trata de sacar un rédito emocional del hecho de estar con la otra persona. Si soy «la mejor versión de mí mismo» cuando estoy con mi pareja, la relación está justificada; de lo contrario, no lo está. Acabamos considerando las relaciones humanas como algo temporal y reemplazable. Los demás son herramientas para nuestro desarrollo personal en lugar de ser un fin en sí mismos.

Este libro está escrito sobre la premisa de que echar raíces se ha vuelto difícil: estamos todos centrados en la movilidad y esto no parece que vaya a cambiar en el futuro próximo. No es que sea deseable volver a una situación en la que nuestras vidas estén totalmente regidas por parámetros como familia, clase social o sexo. Hay algo único y humanizador en la capacidad de la modernidad líquida de liberar-

---

6. El concepto de «relaciones puras» fue introducido por Anthony Giddens (1996), que habla de ellas en su libro *Modernitet og Selvidentitet – selvet og samfundet under sen-moderniteten*, Hans Reitzels Forlag, Copenhague, [Modernidad e identidad propia: el yo y la sociedad en la modernidad tardía], entre otros.

Introducción

nos hasta cierto punto de este tipo de «raíces». He dicho «hasta cierto punto», ya que elementos como sexo y clase social siguen siendo importantes para las posibilidades de cada individuo, incluso en una sociedad del bienestar orientada hacia la igualdad como es la danesa.[7] La idea de que hoy en día se tienen «todas las oportunidades» (una idea común sobre todo entre los jóvenes), que lamentablemente mucha gente se cree, es una ilusión, de modo que es normal que se culpen a sí mismos si no alcanzan el éxito. Si uno tiene todas las oportunidades y no alcanza el éxito esperado a la hora de encontrar pareja o entrar en el mercado laboral (*lieben und arbeiten*, amar y trabajar, eran, según Freud, las dos esferas existenciales más importantes), algo debe estar haciendo mal. Es culpa suya. No es extraño que hoy en día tantas personas busquen un diagnóstico psiquiátrico que pueda liberarlos de la sensación de incapacidad.[8] Otro anuncio semipoético (el eslogan de la gran empresa farmacéutica GlaxoSmithKline, que fabrica, entre otros productos, el antidepresivo Paxil) dice así: «*Do more, feel better, live longer*» (Haz más cosas, siéntete mejor, vive más tiempo). Son, claramente, las metas de una cultura cada vez más acelerada y

---

7. En lo que a relaciones de clase se refiere, véase por ejemplo la obra *Klasse- en introduktion* [Clase: una introducción] de Gitte Sommer Harrits, Hans Reitzels Forlag, Copenhague, 2014.
8. Este tema se trata en profundidad en *Det diagnosticerede liv – sygdom uden grænser* [La vida diagnosticada – enfermedad sin límites], editado por mí. Klim, Århus, 2010.

los psicofármacos tienen que ayudarnos a alcanzarlas: poder hacer más cosas (¿independientemente de qué cosas sean?), sentirnos mejor (¿independientemente del motivo de esa sensación?) y vivir más tiempo (¿independientemente de la calidad de los años de vida adicionales?). En esta cultura cada vez más rápida, tenemos que hacer más, mejor y durante más tiempo, independientemente del contenido o el significado de lo que hacemos. El desarrollo personal se ha convertido en un fin en sí mismo. Y el yo se ha convertido en el punto alrededor del cual gira todo. Si creemos que estamos indefensos ante un mundo que el sociólogo Zygmunt Bauman describe como «un torbellino global», nos centramos más en nosotros mismos, lo cual a su vez nos deja todavía más indefensos.[9] Se crea un círculo vicioso: nos encerramos en nosotros mismos para controlar un mundo incierto, de modo que nos aislamos y el mundo se vuelve todavía más incierto.

Encontrar un punto de apoyo

Si, desde un punto de vista metafórico, lo que tenemos son pies y nos cuesta echar raíces, ¿qué podemos hacer? Como ya indica el título de este libro, es posible aprender a ser uno mismo y, con el tiempo, incluso a echar raíces. Pero es más

9. Véase Zygmunt Bauman, *Liquid Times: Living in an Age of Uncertainty*, Polity Press, Cambridge, 2007, pág. 84.

Introducción

fácil de decir que de hacer, porque nos bombardean continuamente con desarrollo, cambio, transformación, innovación y otros conceptos dinámicos típicos de esta época de aceleración. Aun a riesgo de contribuir a la carga de responsabilidad a que el individuo está expuesto hoy en día, mi objetivo con este libro es mostrar un camino para quienes quieren encontrar un punto de apoyo y aprender a ser ellos mismos. Quiero dejar claro que soy consciente de que hay gente que no desea echar raíces, gente que vive sin ningún problema en una cultura cada vez más acelerada. Aunque pienso que a la larga corren el riesgo de perder integridad y quizás renuncian a otros aspectos importantes de la vida, debemos aceptar su elección, por supuesto. Este libro no es para ellos. Sin embargo, también es cierto que hay gente que busca un punto de apoyo y que en nuestro entorno en perpetuo movimiento es difícil encontrar la manera de expresar este deseo: cuando uno lo intenta, se le acusa de rígido, recalcitrante o reaccionario.

En nuestra era secular, existe una especie de desorientación filosófica que dificulta echar raíces. Por eso, la mayoría de nosotros somos presas fáciles para todo tipo de orientadores, terapias, *coaching, mindfulness,* psicología positiva o herramientas de desarrollo personal en general. En ámbitos como el de la nutrición, la salud y el ejercicio se ha creado una verdadera religión que decreta constantemente cómo vivir. Un mes hay que comer según el tipo sanguíneo, al siguiente lo que se lleva es la dieta paleolítica. Parece que nos falta orientación (y no me da reparo incluirme) y que corre-

Sé tú mismo

mos como pollos sin cabeza buscando la última receta de felicidad, progreso y éxito. Desde una perspectiva psicológica, parece un estado de dependencia colectiva. Hay gente (aunque cada vez menos) enganchada a los cigarrillos y al alcohol, pero la mayoría de la población (y una mayoría que no para de aumentar) parece depender de los consejos de *coaches* de estilo de vida, especialistas en desarrollo personal y gurús de la salud. Ha aparecido todo un ejército de orientadores, terapeutas, expertos en desarrollo personal y consultores de positivismo cuya misión es ayudarnos a cambiar y a adaptarnos, y se han escrito muchos libros de autoayuda y guías de siete pasos cuyo objetivo es impulsar y fomentar el desarrollo personal. Sólo hay que mirar la lista de los libros más vendidos: nunca faltan libros sobre comida, salud, biografías de personas de éxito ni libros de autoayuda.

Por eso he escrito este libro en forma de guía de siete pasos, con la esperanza de que ayude a ver con otra luz las ideas sobre positivismo y desarrollo. Espero que el lector reconozca los aspectos problemáticos de nuestra época a partir de su propia experiencia y así quizás pueda construir un vocabulario que le permita rebatir los términos positivos relativos al desarrollo continuo y al cambio. La idea también es que el libro constituya una especie de libro de antiautoayuda y que inspire a la gente a cambiar de manera de pensar y vivir sus vidas. Mi mensaje es que, para sobrevivir en la cultura en constante aceleración de hoy en día, hay que aprender a ser uno mismo y, que para hacerlo, podemos inspirarnos en el pensamiento y filosofía clásicos de los estoicos y,

Introducción

especialmente, en su énfasis en el autocontrol, la paz mental, la dignidad, el sentido del deber y la reflexión sobre la naturaleza finita de la vida. Estas virtudes dan lugar a una felicidad más profunda que si nos quedamos en la superficie, en el desarrollo permanente y la transformación constante. El estoicismo ya es una escuela fascinante de por sí, por supuesto, y constituye una de las bases de la filosofía occidental, pero aquí la utilizamos puramente por motivos pragmáticos. Además, ¿qué sentido tiene volver a inventar la rueda, si ya lo hicieron los estoicos? En este libro me interesa el estoicismo en la medida en que es relevante para nuestra época y los desafíos a que nos enfrentamos y lamentablemente no puedo dedicarme a asegurarme de que lo interpreto correctamente en relación con su propia época (y seguramente no lo hago).

El estoicismo se originó en la Grecia Antigua y más adelante fue adoptado por pensadores romanos. Este libro no está pensado como una introducción al pensamiento estoico que representan los romanos Séneca, Epicteto, Marco Aurelio y, hasta cierto punto, Cicerón,[10] sino que intento usar aspectos del estoicismo para responder a los retos de la actualidad:

10. Para una introducción accesible que hace hincapié en el estoicismo como filosofia práctica, véase William B. Irvine (2009). *A Guide to the Good Life – The Ancient Art of Stoic Joy*, Oxford University Press, Oxford.

Sé tú mismo

- Donde hoy en día se predica la visualización en positivo («¡Piensa en todo lo que puedes conseguir!»), el estoicismo recomienda una visualización en negativo («¿Qué pasaría si perdieses lo que tienes?»).
- Allí donde se recomienda pensar en términos de oportunidades constantes, los estoicos recomiendan aceptar las limitaciones y alegrarse de que existan.
- Mientras que actualmente parece que hay que expresar una y otra vez cómo se siente uno, los estoicos recomiendan aprender a disciplinar y hasta suprimir los sentimientos.
- Así como en la actualidad la muerte se evita como un tabú, los estoicos recomiendan plantearse la propia mortalidad todos los días para desarrollar gratitud por la vida que se tiene.

En resumen, el libro está pensado para el lector que busca un lenguaje con el que plantar cara al imperativo del progreso de esta cultura cada vez más acelerada en la que vivimos. Las distintas crisis a que nos enfrentamos (en ámbitos como el calentamiento global, la economía y el aumento explosivo de las aflicciones psicológicas) son el resultado de una filosofía simplista del crecimiento y de la aceleración cultural general. Y aunque el estoicismo no es ninguna panacea, puede inspirar nuevos modos de vivir centrados en mantenerse firme en lo que uno tiene y lo que uno es, en lugar de intentar cambiar y desarrollarse continuamente. Suena a conservadurismo, pero el argumento del libro es que eso es justa-

Introducción

mente lo progresista cuando todo lo demás se acelera. Los que son capaces de mantenerse firmes son, paradójicamente, quienes mejor pueden afrontar el futuro y cumplir con su cometido.

Entiendo perfectamente que este libro está dirigido a unos lectores concretos y que no ayudará a resolver las problemáticas de base, que requieren soluciones colectivas y actuaciones políticas; pero quizás puede ser útil para algunos lectores que comparten mi incomodidad ante la tendencia predominante en la educación, la vida laboral y la esfera privada; una tendencia que, bien mirada, resulta absurda y grotesca. Y también soy consciente de que, paradójicamente, este libro es un síntoma de la individualización que pretende combatir. Mi esperanza es que, al evidenciar esta paradoja (expresada irónicamente imitando la forma de guía en siete pasos), el libro pueda contribuir a incrementar la consciencia acerca de los males de la cultura en aceleración. Espero que, al mostrar una réplica grotesca a las verdades establecidas, dichas verdades queden retratadas como grotescas a su vez y que quede claro que son problemáticas de muchos modos.

Los próximos siete capítulos detallan los pasos a seguir para encontrar un punto de apoyo y mantenerse firme. El objetivo es ayudar al lector a escapar de la dependencia del desarrollo, la adaptación, las terapias y los gurús de estilo de vida. Cualquiera que haya asistido alguna vez a un curso sobre pensamiento positivo creerá que el libro da una imagen exageradamente negativa del mundo actual. Pues ¡cier-

Sé tú mismo

to! Y justamente ése es uno de los temas principales del libro: que las quejas, el criticismo, la melancolía y quizás, incluso, el pesimismo pueden sernos de ayuda. Además, hay un placer innegable en el hecho de dar un paso atrás y salir de esta cultura acelerada y constatar que el vaso está medio vacío; lo descubrirás, querido lector, a medida que avances por los siete pasos. Aprenderás a observar, quizás con un poco de orgullo, cómo los demás corren sin pensar por una rueda de hámster y persiguen de manera infantiloide el siguiente elemento identitario, tendencia o conquista (ya sea cuota de mercado o parejas más atractivas). Seguramente, descubrirás que tú también eres víctima de esa búsqueda, pero aprenderás a entender que en el fondo es una manera bastante inmadura de vivir. Para jóvenes y niños, es importante desarrollarse y ser flexibles, de eso no hay duda; pero como adultos, deberíamos ser capaces de mantenernos firmes.

La negatividad que recomienda este libro tiene su propia psicología beneficiosa, pero ni decir tiene que no debe degenerar en una especie de pesimismo nihilista, ya que ello conduce a la resignación, indignación o incluso depresión. Al contrario: debería servir para aceptar las responsabilidades y derechos de cada cual. Tal y como mostraron los estoicos, reflexionar sobre la brevedad de la vida y la multitud de problemas inevitables que conlleva conduce a una sensación de solidaridad con los demás, es decir, con el resto de personas. La negatividad nos proporciona el tiempo y el pretexto para mirar los aspectos problemáticos de la vida y

Introducción

criticarlos. Te ayudará a concentrarte en lo importante de la vida: hacer lo correcto, es decir, cumplir con tu deber.

Esta guía de siete pasos fue publicada originalmente como una columna en la revista de psicología danesa *Psykolog Nyt*.[11] Desde entonces he revisado los pasos y he cambiado el séptimo. Originalmente, el último paso era muy breve y decía lo siguiente: «No te fíes nunca de una guía de siete pasos». Y ese consejo sigue en vigor, por supuesto, pero era demasiado corto como para dedicarle un capítulo entero. Así que ahora los siete pasos son:

1. Deja de mirarte el ombligo.
2. Céntrate en lo negativo de tu vida.
3. Aprende a decir que no.
4. Reprime tus sentimientos.
5. Despide a tu *coach*.
6. Lee novelas: ni libros de autoayuda, ni biografías.
7. Vive en el pasado.

Todos los capítulos empiezan con un aforismo y a continuación una justificación con ejemplos de por qué es importante actuar como yo propongo. Si es relevante, hago una breve referencia a la inspiración obtenida de los filósofos estoicos y muestro cómo su manera de pensar nos puede vacunar contra los males de la cultura acelerada y, en algunas ocasio-

11. Véase http://infolink2003.elbo.dk/PsyNyt/Dokumenter/doc/18173.pdf

nes, ofrezco ejercicios que pueden ayudarnos a ser nosotros mismos. El capítulo final del libro brinda más información acerca del estoicismo y está pensado para los lectores que quieran saber más acerca de esta tradición y su relevancia para la actualidad.

1
Deja de mirarte el ombligo

Cuanto más te mires el ombligo, peor estarás. Los médicos lo llaman «la paradoja de la salud»: cuanta más ayuda reciben los pacientes, y más se autodiagnostican, peor se encuentran. La mayoría de los gurús de la autoayuda quieren que basemos las decisiones en el instinto, pero hacerlo es una mala idea. Hay que limitar los autoanálisis a una vez al año; en las vacaciones de verano, por ejemplo. Lo peor de este tipo de introspección es que suele ser una herramienta para «encontrarse a uno mismo», lo cual casi siempre acaba con una decepción, porque si te encuentras en alguna parte, suele ser repanchigado en el sofá comiendo chocolate.

La idea de hacer introspección y, en última instancia, encontrarse a uno mismo son dos de los conceptos más omnipresentes de nuestra cultura. Estas dos ideas no son idénticas, pero sí que están muy relacionadas entre sí: para descubrir quién eres realmente (y no sólo lo que te han contado padres, pedagogos o amigos) tienes que deshacerte de todas las imágenes falsas y aprender a comprender qué te dice tu cuerpo a nivel esencial. Si alguna vez has dudado de algo (y ¿a quién no le ha pasado?), es muy probable que hayas pedido consejo a otra persona, por ejemplo: «¿qué carrera debería hacer?». Y es muy posible que te contestaran que te tienes que fiar de tu intuición, porque es algo que llevamos décadas diciéndonos los unos a los otros. En todo caso, desde la aparición de la contracultura, en los años sesenta, cuando empezó el rechazo a las normas sociales y la autoridad en favor de la introspección personal. El primer paso de esta guía consiste en aceptar que las respuestas no están en tu interior. No vale la pena dar tanta importancia a la introspección.

Puede sonar contrario al sentido común, pero en realidad es de lo más lógico. Si otra persona tiene un problema y necesita tu ayuda, no tiene sentido que actúes dependiendo de cómo te sientes al hacerlo: tienes que pensar en la otra persona y actuar pensando que ayudar a los demás tiene un valor intrínseco, independientemente de cómo te haga sentir. Si alguien que ha estudiado ciencia, arte o filosofía te dice que conocer la obra de Einstein, Mozart o Wittgenstein enriquece la experiencia humana, no tienes que «buscar en ti mismo» para saber si te interesa; tiene que interesarte lo que estas personas dicen y no cómo te hace sentir que lo digan. En lugar de mirar hacia dentro, debemos aprender a mirar hacia fuera y estar abierto a otras personas, culturas y naturalezas. Debemos aceptar que la clave de cómo tenemos que vivir no está en el yo, sino que el propio «yo» es una idea, un constructo, que se ha ido formulando a lo largo de la historia cultural y cuya naturaleza, por tanto, es más externa que interna.

Hoy en día, el interés por el yo que se generó a partir del giro antiautoritario de los años sesenta se ha institucionalizado tanto en las escuelas como en la vida laboral de Dinamarca. Los alumnos no sólo tienen que encontrar respuestas en los libros de texto o en la naturaleza, sino también en sí mismos: se les exige identificar si tienen más facilidad para el aprendizaje visual, auditivo o táctil, y adaptar su desarrollo personal de manera correspondiente. El autodescubrimiento y la introspección se convierten en medios para lograr más eficacia en el aprendizaje. En el mundo laboral se nos obliga a asistir a cursos de desarrollo personal y los jefes actúan como *coach* de sus trabajadores para ayudarlos a descubrir todo su potencial y sus competencias básicas. «Llevas el manual dentro», afirma el eslogan de la mística Teoría U de Otto Scharmers (de la cual hablaré más adelante). Pero quizás ha llegado el momento de preguntarse qué nos han aportado cuatro décadas de mirarnos el ombligo. ¿Nos hemos encontrado a nosotros mismos? ¿Es siquiera posible hacerlo? ¿Vale la pena intentarlo? Mi respuesta a estas preguntas sería negativa.

El instinto

Se ha convertido en algo muy normal afirmar que tomamos las decisiones por instinto, hasta los altos ejecutivos de grandes multinacionales lo dicen como si nada. Peter Høgsted, que fue nombrado director de Coop i 2013, «actúa según lo que le dicta el instinto», según afirmó en un artículo que le dedicaron cuando asumió el cargo. Quizás lo había sacado de la revista femenina danesa *Femina*, que en 2012 publicó una guía sobre

Sé tú mismo

cómo escuchar el instinto[1] que propugna lo siguiente (he acortado un poco el texto de la revista, pero por lo demás es literal):

1. Siéntate cómodamente. Cierra los ojos y centra la atención en tu interior. Inspira hondo, aguanta la respiración un momento, y expira. Repite el proceso tres veces y observa el efecto que este ejercicio respiratorio ha tenido en tu cuerpo.

2. A continuación céntrate en tu cuerpo y relájalo poco a poco, empezando por las puntas de los pies. A medida que te relajes, establecerás un contacto más auténtico contigo mismo, lo cual te permitirá conocer tus necesidades y escuchar tu voz interior.

3. Observa qué ocurre en tu interior. Cuando notes algo en tu interior, no intentes cambiarlo. No lo rehúyas aunque en primera instancia resulte incómodo. Aquí es donde estableces contacto con tu alma, o tu núcleo, si prefieres llamarlo así.

4. Haz preguntas. Todas las respuestas ya están en nuestro interior, así que si percibes algo que no entiendes del todo, empieza a preguntarte de qué se trata. Pregúntate qué puedes aprender de ello y no dudes de que recibirás una respuesta. La respuesta puede venir en forma de idea, imágenes, sensación física o realización intuitiva.

1. Se puede encontrar en: http://www.femina.dk/sundhed/selvud vikling/5-trin-til-finde-din-mavefornemmelse.

5. Úsalo. Empieza a actuar sobre lo que sientes. Navega siguiendo tu instinto. Empezarás a crecer cuando te atrevas a abrirte y a ser vulnerable. Ya no tendrás que adaptarte al resto del mundo y se te empezarán a abrir nuevas oportunidades en la vida.

Aunque *Femina* sea una revista bastante frívola, estos pasos no son muy distintos a lo que recomiendan multitud de gurús y consejeros del mundo de la conciencia plena y el desarrollo personal. Lo primero es relajarse; un primer paso que a muchos nos parecerá satisfactorio de vez en cuanto. Después hay que «identificar las necesidades propias» escuchando una «voz interior». Aquí es cuando la cosa entra en el terreno místico y, cuando algo entraña misticismo, hay que andarse con cuidado y preguntarse si realmente vale la pena escuchar a la voz interior. Si estás en una comida de Navidad de la empresa, tu voz interior podría decirte que algún colega es muy guapo y se merece un beso, aunque no sea tu marido. El redactor de *Femina* seguro que nos diría que en una comida de empresa uno no está en contacto con su interior, la idea del punto tres, y quizás tendría razón pero ¿cómo podemos saberlo? Pues sólo indagando más dentro de nosotros mismos, con lo cual entramos en un círculo vicioso que puede dejarnos completamente aturdidos. Un psicólogo americano propuso en una ocasión una explicación para la epidemia de depresión de Occidente. Su teoría era que la depresión aparece justamente cuando nos centramos demasiado en nuestro interior (reflexionando sobre cómo nos sentimos, yendo a terapia para encontrarnos a nosotros mismos): en el momento en que nos damos cuenta de que en realidad ahí dentro no hay nada.[2] Si el sentido de la vida tiene que encontrarse en nuestro interior, como se nos repite continuamente, pero resulta que ahí dentro no hay nada, parece que nada tiene sentido, claro. El riesgo de centrarse tanto en uno mismo es llevarse una decepción al no encontrar nada.

Otro riesgo es creer que se obtiene alguna respuesta pero que en realidad esté equivocada. La guía de la revista afirma: «Todas las respuestas ya están en nuestro interior.»

Esta frase no podría ser más absurda. ¿Cómo resolvemos la crisis climática? ¿Cómo se hacen las galletas de jengibre? ¿Cómo se dice «caballo» en chino? ¿Tengo las capacidades necesarias para ser un buen ingeniero? Por lo que yo sé, en mi interior no se encuentra la respuesta a ninguna de estas preguntas. Ni siquiera la respuesta a la última pregunta, porque para ser un buen ingeniero hay que cumplir requisitos objetivos evidentes (habilidad técnica, capacidad para el razonamiento matemático, etcétera) que no tienen nada que ver con cómo se siente uno, sino que son habilidades que otra persona también puede valorar. En el último punto de la lista de *Femina* nos dice que naveguemos siguiendo nuestro instinto: «Así ya no tendrás que adaptarte al resto del mundo», afirman. ¡Qué sería de nosotros si no nos adaptáramos al resto! Los únicos que tienen el «privilegio» de

---

2. Véase el artículo de Philip Cushman (1990). «Why the self is empty», *American Psychologist*, n.º 45, págs. 599-611.

Deja de mirarte el ombligo

no adaptarse a lo que los rodea son los dictadores. Y si nos lo miramos mejor, no es ningún privilegio, sino una maldición. El emperador romano Nerón («ante quien se inclinaba un mundo entero y siempre estaba rodeado de un numerosísimo séquito de solícitos mensajeros del deseo», en palabras de Kierkegaard)[3] tuvo que incendiar Roma para experimentar oposición y poder sentir una realidad que no se moldeaba para complacerlo. A Nerón no le hacía ninguna falta adaptarse a su entorno, porque todo su mundo estaba hecho a la medida de sus deseos y necesidades. Nosotros, sin embargo, somos seres humanos, no dioses, y por tanto tenemos que adaptarnos a lo que tenemos a nuestro alrededor.

Como he dicho al inicio de este capítulo, con la introspección se corre el riesgo de percibir algo que en realidad no tiene importancia pero que la cobra justamente porque lo percibimos; es algo que los médicos llaman «la paradoja de la salud»[4] desde la década de los ochenta. A medida que disponemos de más y mejores sistemas de diagnóstico y tratamiento de enfermedades, la población ha empezado a autodiagnosticarse con cada vez más frecuencia, lo cual ha generado una epidemia de malestar subjetivo. En resumen: ¡cuanto más avanza la ciencia

---

3. En *Enten-Eller*, segunda parte, pág. 173, editado por Gyldendals Bogklubber, (1995) (trad. cast. (2006) *O lo uno o lo otro*, Trotta editorial, Madrid).

4. Analizado por el médico Arthur Barsky (1988) en el artículo «The paradox of health», *New England Journal of Medicine*, n.º 318, págs. 414-418.

médica, ¡más enferma se cree que está la gente! Sólo con esto ya debería bastar para abandonar tanto autoanálisis de una vez por todas. Aunque algo nos parezca lo correcto en un momento dado, actuar enseguida a partir de aquella impresión nos hace olvidar que un segundo más tarde podemos tener una sensación totalmente distinta. Es importante que asumamos que el instinto no es sinónimo de sensatez. Si tu instinto te dice que comas galletas, quizás no es que no sea sensato, sino directamente estúpido: si te comes una galleta de cacahuete y eres alérgico a los cacahuetes, podría ser tu última galleta.

¿Encontrarse a uno mismo, o aprender a vivir con uno mismo?

Normalmente, cuando se nos dice que intentemos entender cómo nos sentimos, la idea es que acabemos «encontrándonos a nosotros mismos». En nuestra cultura existe una psicología pop que defiende la noción de que el verdadero yo (la identidad, el núcleo, o como quieran llamarlo) está en nuestro interior y que la socialización y la gente que nos rodea crean un yo falso que debemos dejar atrás. En los años sesenta y setenta apareció el nombre de autorrealización para referirse a este proceso, cuyo objetivo es eliminar el falso yo, volver a escuchar a la voz interior y reflexionar sobre cómo te sientes por dentro para ser auténtico.

Como ya hemos dicho, hay que tomarse esta idea de la voz interior con escepticismo. Además, podríamos preguntarnos por qué aceptamos la idea de ser más auténticos «por dentro»: ¿no podría encontrarse el yo en nuestras acciones, nuestra vida y nuestra relación con los demás, es decir, en todo lo externo? En 2014, el filósofo Slavoj Žižek lo describió de este modo durante una visita a Dinamarca:

> Lo que me interesa es si puede haber más verdad en la máscara que nos ponemos que en nuestro yo interior. Siempre he creído en las máscaras y nunca he creído en el potencial liberador del gesto de quitárnoslas. [...] La auténtica máscara es mi verdadero yo y la verdad viene disfrazada de ficción. [...] En este caso, creo en la alienación, pero la alineación en el sentido de que necesitamos una coordenada externa en relación a la cual podamos identificarnos. La verdad está ahí fuera.[5]

La idea de poder encontrarse a uno mismo mirando hacia el interior no tiene mucha base psicológica ni filosófica, pero en cambio puede explicarse desde el punto de vista sociológico. Podríamos preguntarnos por qué la humanidad empezó a pensar de este modo. ¿Por qué olvidamos que la verdad está ahí fuera y nos pusimos a creer que la llevamos dentro? El sociólogo y filósofo alemán Axel Honneth ofrece una respuesta: en su opinión, cuando se formuló la idea de que «la respuesta está en el interior» y que la vida gira al entorno de la autorrealización (en la década de los sesen-

5. Véase http://www.information.dk/498463

Sé tú mismo

ta), su carácter liberador debió de hacerla atractiva.[6] En aquella época había motivos de sobras para enfrentarse a las convenciones de una sociedad rígida que limitaba innecesariamente el desarrollo personal; pero lo que en origen fue una resistencia legítima contra «el sistema» (el patriarcado, el capitalismo, etcétera) acabó convirtiéndose en un giro hacia uno mismo que hoy en día, según Honneth, constituye la base sobre la que se legitima ese mismo sistema. Honneth considera que la sociedad de consumo posmoderna (lo que yo en este libro llamo «cultura acelerada») necesita cultivar individuos flexibles, cambiantes y centrados en su desarrollo personal y sus cambios constantes, porque la inacción es contraproducente para la sociedad del crecimiento y el consumo. El interés por el desarrollo personal pone a disposición del mercado la fuerza laboral servil y flexible que necesita; por eso en los últimos cincuenta años han aparecido todo tipo de teorías organizativas y de gestión empresarial que giran en torno a «la persona a nivel holístico», los «recursos humanos» y la idea de la autorrealización a través del trabajo.[7]

En lugar de ser una liberación, la autorrealización nos ata a la idea de que tenemos que desarrollar nuestro yo inte-

---

6. Honneth formula esta idea en distintos lugares, por ejemplo, en el artículo «Organized self-realization», *European Journal of Social Theory*, n.º 7, págs. 463-478 (2004).

7. Véase Boltanski, Luc y Chiapellos, Eve (2005). *The New Spirit of Capitalism*, Verso, Londres-Nueva York, para un análisis de este cambio.

rior y hasta capitalizarlo de modo que beneficie el lugar de trabajo. Hoy en día, la verdadera oposición al sistema no radica en volverse hacia el interior para encontrarnos a nosotros mismos, sino en ignorar esta corriente y hacer el esfuerzo de aprender a vivir con quienes somos. La frase «no tengo necesidad de mejorar» no suele pronunciarse en reuniones de progreso profesional; de hecho, sería una auténtica herejía contra la ideología del momento.

La máquina de las paradojas

Tal vez podamos explicar la paradoja de que plantar cara al sistema consiste justamente en no hacer nada describiendo la cultura como una máquina de fabricar paradojas. La cultura acelerada es una máquina de paradojas: una máquina cuya naturaleza consiste en crear paradojas, especialmente en todo lo que respecta a la idea de encontrarse a uno mismo.[8] Un ejemplo de paradoja es intentar alcanzar algo que se aleja cuando uno intenta alcanzarlo. Si ayudar a la gente genera dependencia, de modo que esa gente todavía necesita más ayuda, se produce una paradoja. Algunas psicopatologías llevan incorporada una cierta lógica paradójica: el esfuerzo por vivir de forma saludable puede convertirse en

8. Describí la sociedad como una máquina de paradojas en la columna «Samtidens paradokser» [Las paradojas de la sociedad]: http://infolink2003.elbo.dk/PsyNyt/Dokumenter/doc/17647.pdf

una obsesión enfermiza. El esfuerzo por organizar el mundo en sistemas racionales puede convertirse en un pensamiento maniaco irracional. Etcétera, etcétera.

La máquina de las paradojas está en muchos lugares de la sociedad: por ejemplo, los intentos de liberar a la clase trabajadora y a sus hijos mediante métodos pedagógicos críticos y antiautoritarios centrados en la experiencia sólo ha servido para conservar las desigualdades (y últimamente, aumentarlas), ya que estos niños no han sabido navegar por esas estructuras pedagógicas tan difusas y sus múltiples exigencias de autonomía y gestión personal, algo con los que los niños de clases medias y altas no han tenido que lidiar. La humanización de nuestros lugares de trabajo (así como la introducción de conceptos como grupos autónomos, delegación de la responsabilidad y desarrollo personal a través del trabajo) ha provocado lo que el sociólogo Richard Sennett llama «corrosión del carácter» (aquella situación en la que el individuo ya no dispone de una base firme sobre la que mantenerse en pie), epidemias de estrés y una descomposición inhumana de la lealtad y la solidaridad interpersonales.[9]

9. Richard Sennett lo ha demostrado en varios libros. El más conocido es *Det fleksible menneske – eller arbejdets forvandling og personlighedens nedsmeltning* (1999), Hovedland, Copenhague (trad. cast. (2006). *La corrosión del carácter: las consecuencias personales del trabajo en el nuevo capitalismo*, Anagrama, Barcelona). El carácter paradójico del capitalismo tardío ha sido analizado por Martin Hartmann y Axel Honneth(2006) en el artículo «Paradoxes of capitalism», Constellations, n.º 13, págs. 41-58.

Deja de mirarte el ombligo

En la cultura acelerada, se nos exige constantemente innovación, creatividad y darlo todo, pero eso sólo beneficia al (des)orden imperante. Leer los libros de gestión empresarial actuales, en los que se defiende usar «valores» para trabajar con «personas realizadas» que «se desarrollan», es como leer una crítica al capitalismo de los setenta. En resumen: la idea de liberarse y transformar la sociedad destruyendo tradiciones opresivas ha pasado a formar parte de la copia de esa misma sociedad opresiva. La introspección como medio para desarrollarse o hasta encontrarse a uno mismo se ha convertido en el impulso más importante de esta cultura acelerada tan dañina. Así que dejar de mirarnos el ombligo no sólo mejorará nuestras propias vidas, sino también el conjunto de la sociedad.

Reconocer el carácter paradójico de nuestra época puede dejarnos un poco noqueados, pero también puede abrir nuevos caminos. Las consecuencias también son paradójicas: resulta que el conservadurismo y su apego a la tradición son el verdadero progreso. Lo que considerábamos opresivo ¿podría ser liberador? ¿Es posible que las costumbres y la rutina tengan más potencial que invocar una y otra vez la innovación? ¿Tal vez el verdadero individualista es quien se atreve a ser como los demás? Como en *La vida de Brian* de Monty Python, cuyo protagonista, después de ser proclamado el Mesías, se dirige a sus seguidores con estas palabras: «Escuchad. (...) Estáis equivocados. No tenéis por qué seguirme. No tenéis por qué seguir a nadie. Tenéis que pensar por vuestra cuenta. ¡Cada uno es un individuo!» El Mesías intenta que sus seguidores piensen por sí mismos y no lo sigan ciegamente, que hagan lo que creen que es correcto. Y la multitud responde con una sola voz: «Sí, ¡cada uno es un individuo!», excepto Dennis, que dice: «Yo no». Paradójicamente, al negarlo está confirmando su cualidad de tipo solitario. Quizás pasa igual con lo de encontrarse a uno mismo: quienes aseguran que no tiene sentido intentar encontrarse a uno mismo podrían ser los más auténticos, o al menos, los que tienen algún tipo de yo. Quien se distancia de toda esa ideología centrada en el encontrarse a uno mismo y desarrollarse tiene más posibilidades de vivir con una cierta integridad, es decir, de tener una identidad coherente a lo largo del tiempo y ser sí mismo en lo que importa.

Desde Rousseau, en el siglo XVIII, hemos creído que lo más importante era ser uno mismo y escuchar esa «voz interior» sobre la cual Rousseau fue uno de los primeros en escribir. Su famosa autobiografía *Confesiones* empieza con estas palabras:

> Emprendo una obra de la que no hay ejemplo y que no tendrá imitadores. Quiero mostrar a mis semejantes un hombre en toda la verdad de la Naturaleza y ese hombre seré yo. Sólo yo. Conozco mis sentimientos y conozco a los hombres. No soy como ninguno de cuantos he visto, y me atrevo a creer que no soy como ninguno de cuantos existen. Si no soy mejor, a lo menos soy distinto de ellos.[10]

10. Rousseau, Jean-Jacques (1966). *Bekendelser*, Vendelkær, or. 1782 (trad. cast. (1997). *Las confesiones*, Alianza editorial, Madrid).

Deja de mirarte el ombligo

Aquí articula la idea de que ser uno mismo tiene un valor intrínseco. No importa cómo seas: con ser uno mismo ya es suficiente. Esto, como ya sabes, no es cierto: es indudablemente mejor ser una madre Teresa de imitación que un Anders Breivik[11] auténtico. De hecho, ser uno mismo no tiene ningún valor intrínseco; lo que lo tiene es cumplir con tus obligaciones para con las personas que te rodean. En cambio, no tiene ninguna importancia que seas «tú mismo» mientras lo haces. A menudo, la búsqueda de uno mismo conlleva sacrificar a otros por el camino e impide cumplir con obligaciones. Yo diría que es mejor dudar de nuestra intuición (y de si te has encontrado a ti mismo o no) que seguirla y buscarse a uno mismo; cuando aceptamos que es imposible encontrarse y que la intuición no es de fiar, esa duda se convierte en virtud. Después de los pasos uno y dos de esta guía, en el paso tres profundizaremos más en la virtud de dudar (incluso dudar sobre uno mismo), pero no nos adelantemos. Primero tenemos que practicar el ignorar la intuición.

¿Qué puedo hacer?

Como he explicado, estas exigencias de introspección y autorrealización están presentes por todas partes en la cultura moderna, así que es posible que te preguntes qué puedes ha-

11. Anders Breivik es un terrorista noruego de extrema derecha. (*N. del E.*)

cer tú. ¿Cómo podemos dejar de mirarnos el ombligo? Los filósofos estoicos no sólo nos ofrecen respuestas, sino también una serie de ejercicios concretos que pueden ayudar. No siempre es fácil empezar, pero inténtalo de todos modos. La sugerencia más obvia es que hagas algo que no te apetece, algo que no te haga sentir bien pero que sea lo que hay que hacer por motivos que no tienen nada que ver con cómo te sientes. William Irvine, estoico contemporáneo, lo llama «programa de malestar voluntario».[12] No hace falta hacer nada dramático como pasarse semanas sin comer como una especie de asceta moderno; de hecho, puede bastar con no tomar postre aunque te apetezca y no estés a régimen. Pero también puede ser ponerse ropa un poco demasiado delgada para el frío que hace, coger el autobús aunque sería más fácil ir en coche, o ir en bicicleta aunque llueva, en lugar de coger el autobús.

Seguramente te preguntarás qué sentido tienen estas locuras. Según los estoicos, autoimponerse incomodidades tiene muchas ventajas diferentes pero interconectadas. Para empezar, nos ayuda a acumular fuerzas para afrontar desafíos futuros. Si lo único que conocemos es bienestar, puede ser muy difícil soportar el malestar que tarde o temprano encontraremos en algún punto de nuestras vidas, por ejem-

---

12. Irvine, W. B. (2009). *A Guide to the Good Life – The Ancient Art of Stoic Joy*, Oxford University Press, Oxford, véase especialmente el capítulo 7 (trad. cast. (2019). *El arte de la buena vida. Un camino hacia la alegría estoica*, Paidós, Barcelona).

plo, si enfermamos o envejecemos, o si perdemos a alguien o algo valioso. En segundo lugar, practicar con pequeñas incomodidades puede aliviar el miedo a infortunios futuros. Irvine escribe que esto ayuda a no temer el malestar. El miedo a un futuro desconocido se reduce si asumimos que en la búsqueda de respuestas, las cosas no siempre son fáciles. Y finalmente, practicar no tener algo nos sirve para poner en valor el hecho de tenerlo. Ir en bicicleta cuando hace mal tiempo hace que nos alegremos de tener un abono de autobús, los viajes largos en transporte público hacen que nos alegremos de tener coche, etcétera. Además, también es un hecho (como muchos antiguos filósofos sabían) que valoramos más la comida si tenemos hambre. Si aprendemos a no comer aunque tengamos comida deliciosa delante, sino a esperar hasta que tengamos hambre, nos sabrá mejor. Pruébalo, es un ejercicio fácil.

El emperador y filósofo romano Marco Aurelio escribió en el libro 7 de sus *Meditaciones* que debemos aprender a «resistir a las pasiones», lo cual probablemente era su manera de referirse a dejar de «buscar dentro de uno mismo» y guiarse por la intuición, ya que, de lo contrario, corremos el riesgo de convertirnos en esclavos de nuestros deseos corporales, una capitulación que elimina la sensatez y hace que nos resulte difícil entender nuestro deber en una situación determinada. Así que lo importante es no pasar mucho tiempo pensando en lo que tenemos en nuestro interior y tener fuerza de voluntad para resistir las pasiones cuando sea necesario. Los estoicos pensaban que la fuerza de volun-

Sé tú mismo

tad era como un músculo y que cuanto más se ejercitaba, más fuerte se volvía. Por eso no es ninguna tontería practicar rechazar el postre, una copa de vino o un viaje en coche, aunque estos ejemplos puedan parecer frivolidades. El autocontrol es una virtud básica para los estoicos, pero en cambio es algo poco valorado en esta cultura acelerada que nos exige «vivir el momento» y «*Just do it!*», como reza el anuncio. Y es una virtud básica porque nos ayuda a ser nosotros mismos en lo importante y a resistir todo tipo de impulsos, más o menos aleatorios, vengan de donde vengan.

El mejor consejo que puedo darte es que no busques respuestas en tu interior y que hagas algo que no te apetezca, pero no quiero decir que te lances a hacer cualquier cosa al tuntún, sino que practiques hacer algo que tenga un valor ético. Aunque no te haga sentir bien (porque lamentablemente, las cosas éticas no siempre nos hacen sentir bien). Puede ser disculparte con alguien que lo merece, aunque te dé vergüenza; o donar a una obra más dinero del que realmente querrías dar. Y no pasa nada si el resultado a largo plazo te hace sentir mejor, porque ahora ya sabes que lo que determina si estás haciendo lo correcto no es algo que tengas dentro. Los estoicos pueden sentirse bien, claro, y también sentirse satisfechos con sus propias acciones. Pero la vara de medir para saber si algo es lo correcto no es simplemente «cómo te hace sentir».

Ahora que lo sabemos, podemos pasar al siguiente paso.

2
CÉNTRATE EN LO NEGATIVO DE TU VIDA

Es mucho más divertido ser un cascarrabias que verlo todo de color de rosa. Y, además, a menudo hay motivos de sobra para estar de mal humor. Uno envejece, enferma y acaba muriendo. Seguro que si piensas en la mortalidad valoras más la vida. Éste es el aforismo de los estoicos: *memento mori* (recuerda que vas a morir). Ahora que has aprendido a no hacer caso a los que repiten que busques en tu interior y a no tomar decisiones por instinto, ha llegado el momento de avanzar al siguiente paso. Al dedicar menos tiempo a la introspección, tendrás más tiempo libre y energía para otras cosas. ¿En qué los gastarás? Ya sabes que «encontrarte a ti mismo» no es una buena idea, ya que corres el riesgo de que no te guste lo que encuentres, o de no encontrar nada. ¿Y si aprovecharas este tiempo para formular «visiones» del futuro? ¿O intentaras «ir más allá» e imaginarte cómo sería la vida si no existiesen los límites? Al fin y al cabo, se nos repite continuamente que hay que «pensar en positivo» y los psicólogos positivistas incluso creen que para progresar en la vida hay que tener «ilusiones positivas» acerca de uno mismo y de la propia vida, como, por ejemplo, tener mejor concepto de uno mismo de lo que realmente merecemos.

Sin embargo, el paso dos no postula que te centres en todo lo bueno que tienes o querrías alcanzar, sino en las co-

Sé tú mismo

sas negativas de tu vida. Hacerlo ofrece muchas ventajas. Para empezar, nos permite pensar y decir lo que queramos; en el fondo, a mucha gente le gusta quejarse. «¡Cómo ha subido la gasolina!», «¡Qué tiempo tan feo!», o «¡Argh, me ha salido una cana!». Está claro que quejarse sobre cualquier menudencia no ayuda a encontrar el sentido de la vida, pero no poder quejarse resulta molesto. En segundo lugar, centrarse en lo negativo ayuda a afrontar los problemas. Claro que no se puede hacer mucho para cambiar el tiempo que hace un sábado por la tarde, pero si en el trabajo, por ejemplo, no te permiten quejarte y sólo se destaca lo positivo, acabas frustrado y resentido enseguida. Y, en tercer lugar, reflexionar sobre todo lo negativo que puede ocurrir (y ocurrirá inevitablemente; sí, hasta los psicólogos más positivistas morirán tarde o temprano) nos lleva a valorar más lo que tenemos. Ésta es una de las ideas principales de la filosofía estoica y la principal causa de su obsesión por la cosa más negativa del mundo: la muerte. No es que idealizaran la muerte o pensaran que hubiese que ensalzarla: según los estoicos, debemos pensar en la muerte por el bien de la vida.

La tiranía del pensamiento positivo

Barbara Held, catedrática de psicología americana que ha recibido varios galardones, ha criticado durante mucho tiempo lo que llama «la tiranía del pensamiento positi-

Céntrate en lo negativo de tu vida

vo».[1] Considera que el positivismo está especialmente extendido en los Estados Unidos, pero que se ha convertido en una especie de filosofía de bolsillo y que la mayor parte de Occidente acepta sin rechistar que: hay que «ser positivo», «trabajar pensando en los recursos» y afrontar los problemas como si fuesen «interesantes desafíos». Hasta hemos llegado al punto de esperar que la gente más enferma «aprenda de su enfermedad» y salga reforzado de ella.[2] Incontables libros de autoayuda y autobiográficos describen personas con enfermedades físicas o psíquicas que aseguran estar encantados de haber padecido su enfermedad, ya que les ha servido para aprender muchísimo. Creo que muchas personas que han estado gravemente enfermas o han sufrido otro tipo de crisis vital se sienten un poco obligadas a mirar el lado positivo de las cosas; muy poca gente admite en voz alta que la enfermedad fue un horror de principio a fin que habría preferido ahorrarse. Hay muchos libros con títulos como *Cómo superar el estrés y salir reforzado*; en cambio, no conozco ninguno que se llame *Cómo el estrés se apoderó de mí y no he podido superarlo*. Así que no

1. Por ejemplo en el artículo «The tyranny of the positive attitude in America: Observation and speculation», *Journal of Clinical Psychology*, n.º 58, págs. 965-992 (2002).
2. Este punto ha sido observado (y criticado), entre otros, por Barbara Ehrenreich (2009) en el libro *Bright-sided – How the Relentless Promotion of Positive Thinking Has Undermined America* (Metropolitan Books, Nueva York).

sólo padecemos estrés o enfermedades y acabamos muriendo, sino que encima tenemos que pensar que nos sirve para aprender y que es de lo más positivo.

Si te parece (como a mí) que nos estamos pasando con tanto positivismo, sigue leyendo y aprenderás a centrarte más en lo negativo y a enfrentarte a la tiranía del pensamiento positivo. De este modo te resultará más fácil mantenerte firme. Tenemos que recuperar el derecho a opinar que algo no está bien. Sin reservas. Afortunadamente, en el seno de la psicología varias voces han empezado a expresar dudas al respecto. Una de ellas es la del psicólogo crítico Bruce Levine, que considera que el mantra de los profesionales sanitarios, que insisten constantemente en que los pacientes tienen que cambiar de actitud, en realidad sólo sirve para aumentar el sufrimiento.[3] «¡Tienes que tomártelo como algo positivo!» es una de las frases más ofensivas que podemos decir a una persona que sufre. Levine lo pone en primer lugar de una lista de cosas a evitar; en el número diez de la lista, por cierto, encontramos la «despolitización del sufrimiento humano», con lo cual se refiere al hecho de atribuir todos los males que sufre una persona a sus propias deficiencias (falta de motivación, actitud pesimista, etcétera) en lugar de a circunstancias externas.

---

3. Su interesante aportación puede encontrarse en http://www.madin america.com/2013/12/10-ways-mental-health-professionals-increase-misery-suffering-people/

La psicología positiva

Como ya hemos dicho, Barbara Held es una de las críticas más fervientes de la psicología positiva, que se ha desarrollado enormemente desde finales de la década de los noventa. La psicología positiva se puede considerar un reflejo científico de la fascinación de la cultura acelerada por el positivismo y su gran impulso llegó en 1998 cuando Martin Seligman se convirtió en presidente de la Asociación Americana de Psicología. Anteriormente Seligman se había hecho famoso por su teoría de la indefensión aprendida como factor en la depresión. La indefensión adquirida es un estado de apatía, o al menos una falta de voluntad de cambiar las experiencias dolorosas, incluso en situaciones en que realmente existen opciones de actuar para evitar el dolor. Seligman desarrolló su teoría mediante experimentos que incluían administrar descargas eléctricas a perros y cuando se cansó de torturar animales (cosa comprensible), decidió centrarse en cosas más animadas y se lanzó a la psicología positiva.

La psicología positiva rechaza los problemas y trastornos humanos que hasta entonces habían caracterizado gran parte de la psicología (a veces, Seligman tilda la psicología normal de «psicología negativa») y se caracteriza por ser una disciplina científica que estudia lo bueno en la vida y la naturaleza humana. En concreto, se plantea cuestiones como qué es la felicidad y cómo se consigue, e intenta identificar los rasgos de carácter positivos del ser humano.[4] Cuando fue nombrado presidente de la asociación de psicólogos, Seligman aprovechó su cargo para fomentar la psicología positiva y tuvo tanto éxito que hoy en día existen programas de estudios, centros de aprendizaje y revistas científicas enteramente dedicadas a este tema. Pocos conceptos psicológicos (o tal vez ninguno) se han difundido tan rápidamente entre el público general y vale la pena plantearse por qué la psicología positiva en concreto ha penetrado con tanta facilidad en la cultura acelerada, hasta el punto de convertirse en un instrumento para optimizar la vida y nuestro desarrollo.

Es perfectamente lícito estudiar el bienestar humano, las «experiencias óptimas» y mejorar nuestro rendimiento. Sin embargo, consultores y *coaches* (o ejecutivos entusiastas que han asistido a cursillos de «liderazgo positivo») reducen la psicología positiva a una herramienta barata que puede servir para reprimir la crítica. El sociólogo Rasmus Willig incluso llega a hablar de «fascismo del positivismo» y lo detecta tanto en el pensamiento positivo como en el liderazgo apreciativo.[5]

---

4. He tratado la psicología positiva con más detalle en el capítulo «Den positive psykologis filosofi: Historik og kritik» del libro *Positiv psykologi – en introduktion til videnskaben om velvære og optimale processer*, editado por Simon Nørby y Anders Myszak (Hans Reitzels Forlag, Copenhague, 2008). El libro más conocido de Seligman (2001) es *Lykkens psykologi* (Aschehoug, Oslo), en inglés *Authentic Happiness* (Free Press, Nueva York, 2002) (trad. cast. (2019) *La auténtica felicidad*, Ediciones B, Barcelona).
5. Véase Willig, Rasmus (2013). *Kritikkens U-vending*, Hans Reitzels Forlag, Copenhague.

Céntrate en lo negativo de tu vida

Este concepto se refiere al tipo de control mental que puede ejercerse cuando alguien sólo se centra en los aspectos positivos de la vida.

Como anécdota, quiero añadir que las experiencias más negativas que he tenido en debates académicos han sido con psicólogos positivistas. Cuando, hace un par de años, critiqué la psicología positiva en una revista femenina y, poco más tarde, en el periódico *Berlingske Tider*, la reacción fue dramática.[6] Tres psicólogos daneses, cuyos nombres no voy a mencionar, pero que se dedican profesionalmente a la psicología positiva, me acusaron de «falsedad científica» y presentaron una queja sobre mí ante el claustro de mi universidad. La acusación de «falsedad científica» es la más grave del mundo académico y en la queja aseguraban que yo había presentado la psicología positiva como algo puramente negativo y que confundía a propósito la investigación en este campo con su aplicación práctica. Por suerte la universidad rechazó la queja con rotundidad, pero yo quedé preocupado ante la reacción de esos psicólogos. En lugar de escribir una carta al editor y debatir en una arena pública, los psicólogos positivistas habían decidido poner en entredicho mi profesionalidad ante el claustro de mi universidad. Explico esta historia porque me parece irónico que los psicólogos positivistas rehuyeran de este modo el debate público; al parecer su abertura de miras y su capacidad apreciativa tienen un límite. (Por suerte, no todos los representantes de

6. El lector encontrará el artículo de *Berlingske Tidende* aquí: http://www.b.dk/personlig-udvikling/positiv-psykologi-er-ikke-altid-lykken.

Sé tú mismo

la psicología positiva son así, que quede dicho). Paradójicamente, este asunto me sirvió para confirmar mi punto de vista acerca de la tiranía del pensamiento positivo: hay que eliminar la negatividad y el criticismo, empezando por los de la psicología positiva, y hacerlo por todos los medios posibles.

El líder positivo y apreciativo que reconoce nuestro valor

Si has estado en contacto con la psicología positiva, por ejemplo, en un contexto educativo o en el trabajo, o si en una reunión de rendimiento y desarrollo te han pedido que hables de tus éxitos cuando tú habrías preferido sacar a relucir algún problema, es posible que te hayas sentido incómodo, aunque no sepas explicar exactamente por qué. ¿Quién no querría que lo consideraran una persona competente y con recursos y seguir desarrollándose? A los jefes modernos les gusta expresar reconocimiento y ofrecer muestras de apreciación a sus trabajadores. Ilustraré esta tendencia con un ejemplo: Væksthus for Ledelse, una red danesa de profesionales, políticos y altos ejecutivos del sector público, ofrece en su página lederweb.dk una propuesta de cómo se puede invitar a un empleado a una reunión de rendimiento y desarrollo profesional. La idea es que el empleado entienda el principio siguiente:

La reunión es un foro en el que se habla de posibilidades. Hay que reflexionar sobre lo que hacemos cuando hacemos las cosas bien, qué hace que todo funcione bien en el lugar de trabajo, cómo maximizar la felicidad en el trabajo, qué sirve para progresar y qué tenemos que hacer para alcanzar las metas que nos marcamos. Lo que quiero es que esta reunión sirva para descubrir qué es lo que hacemos cuando todo va bien. Te invito a avanzar a partir de los éxitos de tu carrera.[7]

Un jefe moderno no se expresa como una autoridad dura y severa que da órdenes y toma decisiones, sino que ejerce un poder blando muy distinto que «invita» a una reunión para hablar de «éxitos» y conseguir «felicidad en el lugar de trabajo». Es muy fácil de olvidar que sigue existiendo una clara asimetría de poder entre jefe y empleado y que algunos objetivos son claramente más legítimos que otros. Por ejemplo, en mi centro, que por lo demás es un lugar excelente, se nos pidió que formuláramos «visiones» sobre cómo desarrollarlo. Mi propuesta de esforzarnos en convertirnos en un instituto mediocre no despertó mucho entusiasmo, aunque a mí me parecía un objetivo tan realista como válido para una universidad pequeña de Dinamarca. Pero hoy en día todo tiene que ser «de primera línea mundial» o «del top 5», y estas metas siempre están al final de un camino lleno de oportunidades y éxitos. Es algo que podríamos llamar «positividad coercitiva»: sólo lo mejor es suficientemente bueno y puede alcanzarse si uno persigue sus sueños y tiene una actitud positiva.

7. De http://www.lederweb.dk/Personale/Medarbejdersamtaler-MUS/Artikel/79932/Vardsattende-medarbejderudviklingssamtaler

Culpabilizar a la víctima

Según los críticos de la positividad coercitiva, incluida Barbara Held, a quien ya hemos mencionado más arriba, centrarse exclusivamente en lo positivo puede llevar a «culpabilizar a la víctima», es decir: el sufrimiento o las incapacidades se explican diciendo que la persona no tenía una actitud suficientemente optimista o positiva, o que no actuó con suficientes «ilusiones positivas», un concepto que defienden ciertos psicólogos positivistas (como Seligman). Las ilusiones positivas constituyen un yo imaginario que es mejor que la realidad; es decir, que uno se siente más listo, hábil o efectivo de lo que es. Y hay estudios que indican (aunque los resultados no son irrefutables) que las personas que sufren depresión en realidad se ven a sí mismas con más realismo que las personas que no la sufren. Sin embargo, podemos sospechar que el enfoque positivo contribuye a un requisito cultural de positividad y felicidad que, paradójicamente, en la cultura acelerada provoca dolor, ya que la gente se siente culpable de no estar feliz y tener éxito en todo momento (véase la sección sobre la máquina de las paradojas).

Otra crítica (relacionada con la anterior) es que no se presta la debida importancia al contexto del enfoque positivo. Si la hipótesis principal es que la felicidad de un individuo depende principalmente de los factores internos y que los externos (por ejemplo, factores relacionados con el nivel socioeconómico) tienen poca importancia, resulta que ser infeliz es culpa tuya. En su superventas *La auténtica felicidad,* Seligman

Céntrate en lo negativo de tu vida

concluye que sólo entre un 8 y un 15% de la variación en felicidad se debe a factores externós (como vivir en una democracia o una dictadura, ser rico o pobre, estar sano o enfermo, tener un alto nivel de estudios o no, etcétera). Según este autor, la fuente de felicidad más importante son las «circunstancias internas» sujetas al «control voluntario» del individuo (por ejemplo, generar sentimientos positivos, ser agradecido, saber perdonar, ser optimista y, sobre todo, confiar en las fuerzas que caracterizan al individuo). Por tanto, la felicidad radica en encontrar nuestra fuerza interna, realizarla y perseguir sentimientos positivos. Este énfasis en la importancia de «lo interno», de lo que podemos controlar con la fuerza de la voluntad, puede llevar a la problemática idea de que el individuo tiene que mantener el ritmo y desarrollarse continuamente, lo cual incluye desarrollar la capacidad de pensamiento positivo para poder sobrevivir en la cultura acelerada.

Quejarse

La alternativa de Barbara Held a la positividad coercitiva es que tenemos que convertirnos en unos cascarrabias. Incluso ha escrito un superventas sobre cómo aprender a serlo: una especie de libro de autoayuda para quejicas. El título en inglés es *Stop Smiling, Start Kvetching*.[8] «Kvetching» es una

8. Held, Barbara (2001). *Stop Smiling, Start Kvetching*, St. Martin's Griffin, Nueva York.

Sé tú mismo

palabra de origen yidis (Held es judía) cuya traducción más aproximada al español es «ser un cascarrabias». Sin ser experto en la cultura judía (mi principal fuente de información sobre este campo son las películas de Woody Allen), tengo la sensación de que existe una aceptación general de que expresar quejas sobre cosas grandes y pequeñas en realidad genera mucha felicidad y satisfacción. Es agradable quejarse en público: tenemos de qué hablar con los demás y se crea sensación de comunidad.

La premisa del libro de Held sobre las quejas es que la vida nunca es perfecta del todo. A veces es más que imperfecta. Por tanto, siempre hay algo de lo que quejarse. Cuando bajan los precios de las casas, podemos quejarnos de que nuestro patrimonio pierde valor y, cuando suben, de lo superficial que es la gente que habla todo el día de cómo aumenta su patrimonio. La vida es dura, pero según Held ese no es nuestro verdadero problema. El verdadero problema es que siempre se nos obliga a fingir que la vida es un camino de rosas. Cuando alguien nos pregunta «¿qué tal?», da por sentado que contestaremos «bien», aunque nuestra pareja haya tenido una aventura o lo que sea. Mejorar nuestra habilidad de centrarnos en lo negativo (y quejarnos sobre ello) permite disponer de un mecanismo de defensa que hace que la vida resulte algo más fácil de sobrellevar. Pero quejarse no es simplemente la capacidad de gestionar situaciones, sino que la libertad de quejarse viene de la capacidad de ver la realidad y aceptarla tal y como es. Esto confiere un tipo de dignidad humana que se opone a la de la persona que siempre es positiva, que insiste hasta el punto de la histeria en que no existe el mal tiempo, sólo la ropa equivocada. Pues resulta que el mal tiempo sí existe, señor Feliz de la Vida, y cuando hace mal tiempo, es agradable quejarse a cobijo y con una buena taza de té calentito.

Tenemos que recuperar el derecho a quejarnos aunque no conlleve cambios positivos, pero si puede dar lugar a cambios positivos, quejarse es importante, por supuesto. Además, fijémonos en un detalle: las quejas suelen ir dirigidas al exterior. Refunfuñamos sobre el tiempo, los políticos o nuestro equipo de fútbol. Es decir, siempre es otra cosa, ¡nunca sobre nosotros mismos! En cambio, la actitud positiva está dirigida al interior: si algo va mal, tenemos que trabajar en nosotros mismos y en nuestra motivación. Todo es culpa nuestra. Los parados no tienen derecho a quejarse sobre las ayudas sociales: lo que tienen que hacer es plantar cara a la situación, ser positivos y encontrar un trabajo. Se les repite una vez y otra que lo importante es «creer en uno mismo», pero eso es una percepción muy limitada que acaba por reducir problemas sociales, políticos y económicos importantes a un asunto de actitud positiva y motivación personal.

La vida sigue

Mi abuela jutlandesa, que en el momento de escribir estas líneas tiene 96 años, acostumbra a recordar a la gente que «la vida sigue». En su opinión, cuando nos encontramos ante alguna dificultad, no tenemos que intentar resolverla; eso es pedir demasiado. Resolver algo es sacarnos un problema de delante o eliminarlo para siempre, pero hay muchas cosas que no podemos rehuir ni eliminar. La gente es vulnerable y frágil, puede enfermar y finalmente muere. No son cosas que podamos «resolver», pero podemos seguir adelante, aprender a vivir con los problemas. Ahí radica la importancia de ser tú mismo: en el hecho de que nos permite aprender a vivir con lo que no se puede cambiar. Es mejor afrontar la realidad que «vivir en el paraíso de los ilusos», suele decir mi abuela. Más vale ser un Sócrates insatisfecho que un cerdo satisfecho, como ya afirmó el utilitarista británico John Stuart Mill en el siglo XIX. Ni todo se puede resolver, ni todo tiene su lado bueno. Sin embargo, hay otras actitudes ante la vida que vale la pena intentar alcanzar, como la dignidad y el sentido de la realidad. Lo importante es atreverse a afrontar las cosas negativas. Es posible que algunas puedan cambiar para bien, pero hay que aceptar que los aspectos negativos de la vida existen y no se van a ninguna parte. Acéptalo. Debemos tener derecho a quejarnos y a criticar. Si nos encerramos en el positivismo y el optimismo, corremos el peligro de que el impacto sea aún mayor si algo va mal. En cambio, centrarnos en las cosas negativas nos prepara para enfrentarnos a adversidades futuras. Por otro lado, quejarse también puede servir para ser más conscientes de las cosas buenas de la vida: «Me duele un dedo del pie, pero ¡al menos no me duele toda la pierna!».

¿Qué puedo hacer yo?

Estamos llegando a uno de los puntos más importantes de la filosofía estoica. Para mejorar en el reconocimiento de los aspectos negativos de la vida, recomiendo una técnica de los estoicos llamada visualización negativa. Tengo la sensación de que los partidarios del pensamiento positivo siempre recomiendan visualizar las cosas en positivo; imaginarse que algo bueno va a ocurrir contribuye a que ocurra. Los deportistas se entrenan con este marco mental y los *coaches* pueden ayudarnos a visualizar nuestros objetivos para que podamos alcanzarlos. Un libro actual sobre cómo mejorar la autoestima recomienda al lector aprender a «soñar despierto» en positivo, ya que así «mejora su autoestima imaginándose que resuelve los problemas de un modo admirable y gratificante».[9] Para compensar estas fantasías positivas, puedes dedicarte a refunfuñar todo el día, pero eso sería exasperante para quienes te rodean, especialmente si lo haces sin un brillo picarón en los ojos. La visualización negativa de los estoicos es un método más adecuado para practicar la negatividad.

Muchos estoicos han trabajado con la visualización negativa. En su carta de consolación a Marcia, que tres años después de la pérdida de su hijo seguía muy afectada, Séne-

---

9. La cita es del libro de autoayuda de Irene Oestrich (2013). *Bedre selvværd: 10 trin til at styrke din indre GPS*, Politikens Forlag, Copenhague, pág. 193.

Sé tú mismo

ca escribe que debe entender que todo lo que tenemos en vida es un préstamo y que la Fortuna puede arrebatarnos lo que quiera sin previo aviso. Asumirlo nos hace tener todavía más motivos para amar lo que tenemos en el poco tiempo en que lo tenemos.[10] En otra carta, Séneca advierte que no debemos pensar en la muerte como algo lejano, porque la muerte puede asestar un golpe en cualquier instante:

> Recordemos por tanto en todo momento que todo lo que somos y todo aquello que amamos es mortal. (...) Como no pensé de este modo, no estaba preparado ante un golpe del destino. Ahora pienso que todo es mortal y que eso no sigue ninguna ley concreta. Todo lo que puede ocurrir en algún momento, puede ocurrir hoy.[11]

Epicteto hace una recomendación más directa y específica: que pensemos en la mortalidad de nuestros hijos cada vez que les demos un beso. Puede parecer una exageración, pero su idea es que nos planteemos la posibilidad de que un niño no se despierte a la mañana siguiente al beso de buenas no-

---

10. Véase pág. 69 de Irvine, William B., (2009). *A Guide to the Good Life – The Ancient Art of Stoic Joy*, Oxford University Press (trad. cast. (2019). *El arte de la buena vida. Un camino hacia la alegría estoica*, Paidós, Barcelona).

11. Séneca (1980). *Livsfilosofi (udvalg af Senecas moralsk breve ved Mogens Hindsberger)*, Gyldendal, Oslo, pág. 64.

ches.[12] Aunque es dramático, esto nos recuerda nuestra propia mortalidad y nos permite estrechar los lazos familiares y aceptar mejor los errores de nuestros hijos. La mayoría de los padres saben lo desesperante que puede resultar un bebé que no deja de llorar y se niega a dormirse; pero si pensamos en la mortalidad de ese bebé, la desesperación se puede convertir rápidamente en alegría por su existencia. Epicteto quiere decir que más vale mecer a un niño que llora que a un niño sin vida y que la visualización negativa nos puede ayudar a soportar los lloros.

En última instancia tenemos que plantearnos nuestra propia mortalidad. *Memento mori*, recuerda que vas a morir. Piénsalo todos los días. No debe ser un pensamiento paralizante ni desesperante, sino que debemos irnos acostumbrando a él poco a poco para valorar más nuestro día a día. Sócrates definió la filosofía como el arte de aprender a morir bien. Como he mencionado antes, la cultura contemporánea nos empuja a centrarnos en las cosas positivas; todo el mundo habla de «la buena vida», pero no aprendemos a morir bien y tal vez deberíamos hacerlo. Como escribió el filósofo Montaigne: «quien ha aprendido a morir, ha desaprendido a servir».[13] El objetivo de pensar en la muerte no es que nos parezca fascinante, sino acostumbrarnos a lo más

---

12. En Burkeman, Oliver (2012). *The Antidote: Happiness for People Who Can't Stand Positive Thinking*, Canongate, Edimburgo.
13. Citado por Simon Critchley (2010) en la pág. 52 de *How to Stop Living and Start Worrying*, Polity Press, Cambridge.

Sé tú mismo

negativo del mundo para evitar convertirnos en esclavos del miedo a la muerte y, así, poder vivir mejor.

La visualización negativa tiene dos aspectos que pueden trabajarse con dos ejercicios:

- Imagínate que pierdes algo (o a alguien) que amas y fíjate en cómo aumenta la alegría que te supone tener esa cosa (o a esa persona). Los psicólogos hablan del concepto de «adaptación hedónica», que es la capacidad de las personas de acostumbrarse al placer; la visualización negativa puede contrarrestarla y convertirnos en personas más agradecidas. La adaptación hedónica también es materia de estudio para los psicólogos positivistas, por cierto.
- Imagínate que vas a morir: uno envejece, enferma y acaba muriendo. Si dedicas tiempo a reflexionar sobre tu mortalidad todos los días, valorarás más tu vida, incluso en momentos de dificultad. Aunque algo no se pueda resolver, con un poco de práctica «la vida seguirá».

Después de aprender a centrarte en lo negativo de la vida, podemos pasar al siguiente punto, que consiste en aplicar activamente lo que hemos visto hasta ahora y plantarnos: hay que aprender a decir que no.

3
APRENDE A DECIR QUE NO

Decir «no me apetece» transmite fuerza e integridad. Sólo los robots dicen siempre que sí. Si estás en una reunión de desarrollo profesional de tu empresa y te proponen un cursillo de «desarrollo personal», recházalo educadamente. Di que preferirías que hubiese un día en el que todo el mundo trajese pasteles al trabajo. Practica decir que no al menos cinco veces al día.

Si has completado los dos primeros pasos de este libro, habrás aprendido a mirarte menos el ombligo y sabrás la importancia de centrarte en lo negativo de la vida. Eso no quiere decir que no puedas hacer introspección ni centrarte en lo positivo de vez en cuando, ¡para nada! La idea es que debemos rechazar ideas equivocadas habituales como que «la respuesta está en nuestro interior» y hay que hacer introspección para encontrarla. Hay motivos de sobra para ser uno mismo y resistir la positividad coercitiva de la sociedad moderna, que intenta inculcarnos que la negatividad es algo indeseable y peligroso.

El tercer paso consiste en mejorar la habilidad de decir que no. Durante la última década se nos ha repetido incesantemente que aceptemos lo que nos proponen, que la apreciación, la valoración y el positivismo son muy importantes, pero ahora ha llegado el momento de plantarse. Decir que no es síntoma de madurez e integridad. Una de las voces más sensatas de la psicología danesa, el catedrático emérito Per Schultz Jørgensen, describe en su último libro la gran importancia de que los niños aprendan a decir que no durante su desarrollo: en su opinión, en el primer «no» de un niño hay un componente filosófico y psicológico muy determinante. Aunque la mayoría de los padres (yo incluido) quieren que sus hijos sean obedientes hasta cierto punto, el «no» constituye un paso crucial en el camino a la madurez y la independencia; en palabras de Per Schultz Jørgensen «porque el niño asume conscientemente su papel de individuo y es capaz de distanciarse de sus padres utilizando el lenguaje, y este acto de oposición es el inicio de la autonomía».[1]

Este concepto es un elemento importante del libro de Jørgensen. Al contrario que conceptos psicológicos muy extendidos como la personalidad y las competencias (algo con lo que hay que «trabajar» o que hay que «desarrollar»), la idea de «asumir el papel como individuo» remite a valores morales compartidos. Asumir el papel propio es saber mantenerse firme en determinados valores y, por tanto, saber decir que no cuando estos valores están amenazados. En este libro utilizo una palabra que define un concepto casi sinónimo: «integridad». Una persona íntegra no se limita a

---

1. Jørgensen, Per Schultz (2014). *Styrk dit barns karakter – et forsvar for børn, barndom og karakterdannelse*, Kristeligt Dagblads Forlag, Copenhage, pág. 75.

Aprende a decir que no

seguir las últimas tendencias sin reflexionar, sino que vive conforme a una idea específica que le parece lo más importante del mundo. La integridad implica intentar establecer una identidad coherente que trascienda tiempo y contextos, y mantenerla. Lo contrario de ser íntegro es decir siempre que sí a todo sin dudar, pensando que probar cosas nuevas siempre es bueno. Hay una palabra antigua que define este tipo de personas: casquivanos. Si Per Schultz Jørgensen tiene razón cuando resalta la importancia del «no», el casquivano, que no sabe negarse a nada, será la persona más dependiente. Quien sólo sabe decir que sí se convierte en víctima de cualquier capricho propio o de otra persona. Jørgensen lo describe relanzando un antiguo término sociopsicológico: quien vive creyendo que hay que decir que sí a todo es presa del «control externo». Para impedirlo hay que ejercer un mayor control interno, pero no en el sentido de fiarse del instinto; de hecho, el instinto también puede estar controlado desde fuera, porque en una sociedad de red basada en las comunicaciones, nuestro instinto está sometido a muchas influencias (como la publicidad, por ejemplo). El verdadero control interno (lo que en este libro llamo «integridad») consiste, justamente, en conocer los valores morales, comprender la importancia de las obligaciones y usar la razón para determinar qué es lo bueno y correcto en cada situación. Tener integridad requiere decir que no muchas veces, porque en la cultura acelerada hay muchas cosas que rechazar.

¿Qué es decir siempre que sí y por qué lo hacemos?

En general se nos anima a ser positivos y a abrirnos al cambio. La premisa subyacente es que decir que sí es bueno y decir que no, malo. Pero esto es absurdo, por supuesto. Todos los días nos encontramos ante muchas tentaciones y provocaciones que tenemos que rechazar (y a menudo lo hacemos, por supuesto). Entonces, ¿cómo se justifica decir siempre que sí? Quizás podemos encontrar una respuesta analizando la «cultura del sí» positiva. La exgolfista profesional danesa Iben Tinning, por ejemplo, se dedica a dar conferencias tituladas «Aprende a decir que sí», cuyo contenido se resume con estas palabras:

> Partiendo de la experiencia recabada en una larga carrera deportiva al máximo nivel, Iben Tinning ofrece inspiración y motivación para atreverse a establecer objetivos en la vida y descubrir el valor de expresarlos en voz alta. Creer en uno mismo y luchar contra fuerzas como poca autoestima, envidia, etcétera, requiere valentía, pero la satisfacción de dominarlas vale la pena.

Con la expresión «Aprender a decir que sí», Iben quiere ilustrar el efecto sinérgico que se puede alcanzar mediante un comportamiento contagioso y describir cómo la actitud correcta puede aportarnos un mayor éxito y bienestar. (...)

   ¿Cómo podemos lograrlo en un mundo con cada vez más competencia, presiones, envidias y «otras limitaciones»?

Aprende a decir que no

- Establece objetivos y atrévete a decirlos en voz alta
- Lucha por el éxito
- Vive como quieras y no como se espera de ti[2]

En este texto encontramos multitud de palabras positivas de las que suelen aparecer por todas partes en nuestra cultura acelerada: tenemos que encontrar inspiración y motivación y ser fieles a nosotros mismos. Es decir, que lo interior es lo importante y aquello con lo que debemos trabajar (en este caso, principalmente atreviéndonos a decir que sí). Las herramientas son: marcarse objetivos (que hay que expresar en voz alta), aprender a luchar y, en última instancia, hacer lo que nos apetece en lugar de lo que se espera de nosotros. ¡No vivas como esperan los demás, sino como quieras vivir! Fíjate que habla de hacer lo que quieras, lo que te sale de dentro. No hace falta ser una lumbrera para entender que el sistema de Iben Tinning no nos permite esquivar las expectativas de otros; hoy en día la expectativa es justamente que nos marquemos objetivos, luchemos por alcanzarlos y que vivamos «como nos apetezca» y con actitud positiva. Quien no tenga ganas de aceptar esta maraña de exigencias vinculadas entre sí, se equivoca. También hay quien dice que no demasiado a menudo y eso tampoco es bueno (aunque sea lo que nos apetezca).

Mi idea no es defender que Iben Tinning y otros defensores del «sí» estén equivocados. De hecho, su mensaje tiene sentido; el problema es cuando se considera que decir siempre

2. Véase http://plan4u.dk/foredrag/pa-med-ja-hatten/

que sí es la única opción legítima. No es que no haya que decir nunca que sí, pero tenemos que alternar nuestras respuestas: «no», «quizás», «no sé» y «no lo veo claro». Para empezar, es natural ser negativo y expresarse críticamente, tal y como hemos visto en el capítulo 2. Nadie puede hacer siempre lo contrario, ni debería hacerlo. Si aun así alguien lo intenta, el resultado no puede ser otro que estrés y depresión. Como todos sabemos, cada persona es distinta; algunas son alegres y otras más propensas a la melancolía. Aunque los melancólicos no encajen con las exigencias de positividad y acción constante de la sociedad, una cierta tendencia a la melancolía no tiene nada de malo (y hasta puede ofrecer ciertas ventajas, ya que hace que resulte más fácil ser tú mismo). En segundo lugar, una sociedad donde todo el mundo dice siempre que sí representaría un ideal muy servil de la humanidad. Exigir que la gente lo acepte todo es humillante cuando se convierte en un dogma que reduce las personas a sirvientes a quienes se puede ordenar que vayan de un lado a otro sin echar raíces en ninguna parte.

Pero ¿por qué es mucho más popular decir que sí que decir que no? En mi opinión hay dos motivos principales. En primer lugar, las prisas y la naturaleza cambiante de lo que nos ofrece la cultura acelerada. Si todo nos parece fluido y en movimiento (tanto si lo es de verdad como si no), decir que sí a todo es una manera de «estar a la altura», ya que indica que uno tiene la flexibilidad necesaria para mantener el ritmo. El filósofo Anders Fogh Jensen llama a nuestra época «la sociedad del proyecto», en que todas las actividades y prácticas posibles se conciben como proyectos que a menudo son efímeros, breves y reconstruibles.[3] Jensen explica que los individuos de esta sociedad del proyecto tendemos a hacernos «overbooking» a nosotros mismos con citas y proyectos para intentar aprovechar nuestra capacidad al máximo, como hacen las compañías aéreas. Y como nuestras obligaciones se han convertido en «proyectos», son algo temporal y pueden cancelarse si aparece algo más interesante en el visor. Sin embargo, la idea predominante es que tenemos que decir que sí a los proyectos. La capacidad de exclamar «¡Sí!» con entusiasmo es una competencia clave en la cultura acelerada y algo en lo que hay que hacer hincapié en las entrevistas de trabajo. «Aceptar nuevos desafíos» se considera inequívocamente bueno, mientras que rechazarlos con educación se considera falta de valentía y poca disposición a cambiar.

El primer motivo para decir que sí es el temor social de no tener suficiente iniciativa o no estar alerta. El otro motivo es más existencial: es el miedo a perderse algo. No sólo decimos que sí para ser más atractivos y «empleables» a ojos de los demás, sino también porque la vida es finita y se supone que queremos «aprovecharla al máximo». Tenemos que acumular el máximo de experiencias en el mínimo de tiempo, o bien (como dice el anuncio de InterContinental que ya cité al inicio de este libro) «No puedes tener un lugar favorito hasta que los hayas visto todos». Si no decimos que sí a todo y aceptamos las fascinantes oportunidades que nos brinda la vida,

3. Jensen, Anders Fogh (2009). *Projektsamfundet*, Aarhus Universitetsforlag.

nos estaremos negando la posibilidad de vivirla al máximo. Aunque... ¿es realmente así? Como habrás adivinado, esta idea es el polo opuesto a las ideas estoicas que este libro defiende. Los estoicos no tienen nada en contra de las experiencias positivas, pero piensan que acumular el máximo de ellas no puede ser un fin en sí mismo. De hecho, dedicarte a este cometido podría impedirte alcanzar lo más importante para los estoicos: paz y serenidad. No ser capaz de decir que no a las cosas que pueden desviarte de tu rumbo (por ejemplo, por miedo a perderte algo) impide sosegarse y aceptar las circunstancias presentes. Pero hoy en día la serenidad ya no se considera una situación deseable, porque es justamente el lastre que impide que la persona acepte cualquier exigencia o requisito (sin sentido), y eso no se considera positivo en esta época en que el ideal son las personas líquidas, flexibles y adaptables.

La ética de la duda en la sociedad del riesgo[4]

Los defensores de decir que sí suelen acusar de falta de coraje, de exceso de rigidez y de querer ir siempre sobre seguro a los defensores del no. Pero podríamos replicar que en realidad lo que se aferra a la seguridad es la filosofía del sí. Ya he argumentado que el sí se ha puesto de moda por culpa del temor a: a)

4. La primera vez que desarrollé la idea de la ética de la duda fue en una columna: http://www.psykologeridanmark.dk/da/sitecore/content/Dp/ Psykolognyt/Klummen/SB Tvivlens etik.aspx

Aprende a decir que no

no poder seguir el ritmo y b) perdernos algo. Para eliminar estos miedos (algo, por otro lado, imposible, por supuesto) tenemos que decir que sí. En general, quienes defienden el sí están convencidos de saber qué es lo correcto: es necesariamente bueno y correcto decir sí, así como, por extensión, todo lo que conllevan el positivismo, el desarrollo, etcétera. Sabemos que decir que sí es lo correcto. La filosofía estoica, en cambio, dice lo contrario: no sabemos si decir que sí es lo correcto y por eso es mejor quedarse con la duda. Si dudas, la respuesta suele ser que no, así que hace falta decir que no más a menudo. Es el antiguo axioma de no reparar algo que no está roto: sabemos lo que tenemos ahora, pero no lo que vamos a tener.

En cierto modo, vivimos en una sociedad que valora la seguridad más que nunca antes. La certidumbre es correcta, la duda es mala. La paradoja es que se valora la certidumbre al tiempo que se hace hincapié en que todo se desarrolla y todo cambia. ¿Es posible que queramos certidumbre justamente porque nos parece que escasea? Inventamos todo tipo de sistemas de eliminar las dudas y alcanzar la seguridad en cualquier situación, desde decisiones políticas (que cada vez con más frecuencia se toman a partir de cálculos económicos y no de ideología) hasta la vida diaria (en la que cada vez se contratan más seguros, contra cualquier adversidad) y el desempeño profesional, que tiene que estar basado en la evidencia (queremos saber si la praxis pedagógica del profesor da lugar al aprendizaje deseado). Al mismo tiempo, se crea un conjunto de normas éticas para reducir las dudas y asegurarnos de que actuamos correctamente. Se considera que quien duda es débil, o que no dispone de la información necesaria; se ha atascado, mientras que lo único que tiene que hacer es lanzarse y decir que sí.

La duda y la inseguridad se han devaluado porque vivimos en una sociedad que los sociólogos definen como «sociedad del riesgo»: un entorno cuyo desarrollo genera riesgos constantemente, especialmente en el ámbito de la tecnología. Las crisis medioambientales, climáticas y financieras son consecuencia de ello. Otro efecto es que se alaba la «ética de la seguridad», según la cual es importante disponer de ciertos conocimientos y utilizar la investigación de todos los modos posibles para establecer dicha seguridad, tanto en lo que respecta a economía como a salud, pedagogía o psicología. En la sociedad del riesgo hay que exhibir absoluta seguridad para ser oído. Hay que usar expresiones como «La ciencia demuestra que la causa de la depresión es la falta de serotonina en el cerebro», «Sabemos que los niños aprenden de cuatro modos distintos» o «Por fin tenemos un sistema de diagnóstico que cubre las enfermedades mentales».

Necesitamos un antídoto a todo esto y ese antídoto es la duda. Al fin y al cabo, el conocimiento es dogmático, mientras que la duda incluye un importante valor ético. ¿En qué sentido? El «saber» de la certidumbre lleva a menudo a la ceguera (especialmente cuando uno sabe que lo mejor es decir que sí), mientras que la duda abre la mente a otras maneras de actuar y nuevas interpretaciones del mundo. Si ya sé, no me hace falta escuchar. Si dudo, de repente la perspectiva del otro significa algo. El problema en esta cultura acelerada es que la duda es lenta y retrospectiva. No nos conduce a decisiones rápidas basadas en el instinto y el positivismo.

El problema es que de escuela a universidad sólo nos enseñan a saber, pero también es necesario aprender a dudar. Tenemos que saber aceptar la incertidumbre. Tenemos que aprender a replantearnos las cosas. *How to Stop Living and Start Worrying*, un libro de entrevistas al filósofo Simon Critchley, da la vuelta a la filosofía de la autoayuda. En general, se nos dice que «dejemos de preocuparnos y empecemos a vivir... ¡y a ser asertivos!». Pero Critchley no piensa lo mismo. En su opinión, la duda y las preocupaciones son una virtud. Si sólo decimos que sí, ignoramos las crisis que provoca la filosofía del sí (*Just do it!*), es decir, la aceleración constante de la vida y la sociedad. Si no reconocemos estas crisis, «los seres humanos se rebajan al nivel del ganado, una especie de satisfacción bovina que se confunde sistemáticamente con la felicidad».[5] Bajo el sí constante acecha la vaca que ríe o al menos eso afirma Critchley con ánimo de provocar.

La ética de la duda (la idea de que debemos dudar más y decir que no más a menudo) también incluye la obligación de dudar continuamente sobre uno mismo. Psicólogos, terapeutas, *coaches* y astrólogos compiten por darnos seguridad sobre quién somos, pero quizás deberíamos dudar un poco más al respecto. Nils Christie, sabio criminólogo y sociólogo noruego, lo expresa de este modo:

5. Critchley, Simon (2010). *How to Stop Living and Start Worrying*, Polity Press, Cambridge, pág. 34.

Quizás deberíamos intentar establecer sistemas sociales en los que se dudara al máximo acerca de quiénes somos y quiénes son los demás. Recrearnos a nosotros mismos y a los demás como misterios. Si los psiquiatras tienen algún papel que desempeñar, debería ser el de comunicar la complejidad de sus pacientes. Deberían escribir historias sobre las personas que conocen; así tal vez los abogados y el resto de nosotros entenderíamos mejor tanto a las personas como a sus actos.[6]

En el paso seis volveremos al papel de la literatura (las historias cortas y las novelas) en la revelación de la complejidad de la existencia, algo que hace de un modo muy distinto a los libros de autoayuda y las biografías.

De momento has aprendido lo siguiente: si dudas, la respuesta suele ser que no. Si no dudas, deberías plantearte si no hay motivos para dudar. Como ya hemos dicho, el objetivo no es que siempre digas que no y siempre dudes, sólo defender que es legítimo hacerlo. Y no sólo eso: cuanto más digas que no, más capaz serás de plantarte y ser fiel a las cosas más importantes de la vida. Si siempre dices que sí, te despistarás de lo que lleves entre manos cada vez que alguien diga: «oye, ¡ven aquí!».

6. Christie, Nils (2012). *Små ord om store spørgsmål*, Forlaget Mindspace, Copenhague, pág. 45. Mi agradecimiento a Allan Holmgren por haberme facilitado este fantástico librito.

Aprende a decir que no

Llegados a este punto es posible que te preguntes si no estamos cayendo en contradicciones en el intento de desarrollar una alternativa a la visión positiva que se tiene en la cultura acelerada sobre las personas que no echan raíces, que siempre van de un lado a otro. ¿Cómo podemos mantenernos firmes y, al mismo tiempo, dudar? ¿Sobre qué base debemos mantenernos firmes si la duda es una virtud? La respuesta fácil, por supuesto, es que hay que mantenerse firme sobre la duda en sí, es decir, sobre el derecho a dudar y replantearse las cosas. Aunque es una respuesta fácil, en mi opinión requiere mucha sabiduría y encierra un enorme valor ético. La inmensa mayoría de las atrocidades políticas han sido obra de hombres enérgicos que estaban convencidos de poseer la verdad. «¡Sabemos que hay armas de destrucción masiva!» «¡Sabemos que los judíos son inferiores!» «¡Sabemos que la dictadura del proletariado es necesaria!». En las cuestiones políticas, éticas y sociales importantes, lo humano es albergar dudas. Tiene valor mantenerse firme en una sociedad del riesgo en la que no disponemos de todas las soluciones (y, de hecho, incluso es posible que no conozcamos los problemas). Otra respuesta es que tal vez es posible mantenerse firme sobre algo aunque albergues dudas sobre ello. El filósofo Richard Rorty afirmó que vivir de este modo es un ideal existencialista.[7]

7. Por ejemplo en el libro *Kontingens, ironi og solidaritet*, Modtryk, Aarhus, (1992) (trad. cast. (1991). *Contingencia, ironía y solidaridad*, Paidós, Barcelona).

Rorty lo describió como una especie de ironía existencial: debes reconocer que tu visión del mundo es sólo una entre tantas y que en algún momento te quedarás sin razones para justificarla. Pero esto no significa que haya que ir mariposeando de una visión del mundo a otra. El ideal es mantenerse firme sobre lo que uno tiene y aceptar que otras personas pueden tener visiones distintas. Esto se llama tolerancia.

En su famoso libro acerca de la condición humana, la filósofa alemana Hannah Arendt expresó la ética de la duda de este modo: «Aunque no haya verdad, se puede ser sincero y aunque no exista una certidumbre en la que podamos confiar, se puede ser fiable.»[8] Arendt no era una estoica en el sentido estricto de la palabra, pero aquí expresa con gran belleza una de las ideas básicas de la filosofía estoica más relevantes en la cultura acelerada del siglo XXI: es posible que la verdad absoluta no exista, pero justamente es por eso que de nosotros depende crearla en nuestras vidas. No hay certidumbre en un mundo que cambia tan rápido, pero es por eso que debemos ser fiables, para poder crear islas de orden y coherencia en un mundo desbocado. Para crear estas islas es indispensable saber decir que no. En este sentido, el «no» es un requisito para poder ser tú mismo.

8. Arendt, Hannah (1998). *The Human Condition*, University of Chicago Press, pág. 279. (trad. cast. (2016). *La condición humana*, Paidós, Barcelona).

¿Qué puedo hacer yo?

Lo mejor sería que en el trabajo se pudiese decir que no tantas veces como se dice que sí, en el sentido de que debería ser legítimo señalar por qué algo no va a funcionar en lugar de aceptarlo incondicionalmente. Es muy habitual que se introduzcan nuevas iniciativas en nombre del progreso que acaban provocando un derroche de tiempo y esfuerzos. Y cuando finalmente te has acostumbrado a los nuevos sistemas y rutinas, viene otra reestructuración. Debería ser común rechazar un cierto número de iniciativas al mes, para que las cosas tengan tiempo de asentarse. Un manager no debería dejarse llevar y presentar «nuevas visiones» a sus trabajadores que no tienen otra que aceptar, sino plantearse una pregunta: ¿de qué cosas innecesarias podríamos librarnos? El objetivo no es sólo agilizar la dirección de la empresa, sino centrarse en la esencia del trabajo que se hace, de modo que los investigadores puedan investigar, los cirujanos operar, los maestros enseñar y los profesionales del sector sociosanitario, hacer su trabajo (y no pasarse el día introduciendo datos y redactando informes). Si en tu lugar de trabajo no se adopta la costumbre de decir que no (o si no tienes trabajo), puedes empezar a ejercitar por tu cuenta el difícil arte de la negativa. En primer lugar, es posible que te entusiasmes y te niegues a todo y no se trata de eso, por supuesto: sólo tienes que decir que no cuando haya un buen motivo. Puede ser una sugerencia ofensiva o humillante, o puede ser simplemente que has comprendido que no puedes seguir haciendo *overbooking* de proyectos en tu vida. Quizás hasta empezarás a darte cuenta de que el resto de la gente (hijos, amigos, compañeros de trabajo) no son proyectos, sino personas con las que tienes obligaciones, independientemente de lo que tú saques de ello. Como ya hemos dicho, el instinto no basta para decirnos cuándo tenemos que decir que no, así que ¿en qué se basa la decisión?

Los estoicos recomiendan emplear la razón. Hay cosas a las que es sensato decir que no. Es sensato decir que no a nuevos proyectos cuando ya tienes muchas obligaciones, independientemente de lo apasionantes que prometan ser los nuevos proyectos; pero es difícil hacerlo debido al miedo a perdernos algo bueno. Al principio del capítulo recomendaba decir que no al menos cinco veces al día. Tal vez es un poco súbito, especialmente si has sido mucho tiempo de los que siempre dicen que sí. Pero intenta decir que no a algo que siempre te ha parecido aburrido o poco interesante pero que hacías de todos modos. En muchas empresas, por ejemplo, hay un montón de reuniones que muchos tememos, y con razón. Intenta decir que no a una reunión y justifícalo diciendo que prefieres ocuparte de tu trabajo. Di que no con una sonrisa. El objetivo del estoicismo no es convertirnos en el Pitufo Gruñón (decir «no» es una herramienta, nada más), sino alcanzar una mayor serenidad en un contexto de cultura acelerada. Si empezar a decir que no continuamente, de la noche al día, resulta demasiado, intenta usar la duda para incorporar la reflexión a tu vida cotidiana: en lugar de decir que sí enseguida, responde «tengo que pensarlo».

4
Reprime tus sentimientos

Si siempre estás contento y con una actitud positiva, otras personas interpretarán tu entusiasmo como falso. Y si no puedes contener tu ira, te tratarán como a un niño indisciplinado. Los adultos eligen la dignidad a costa de la autenticidad. Por tanto, practica el control de los sentimientos. Por ejemplo, piensa una vez al día en una persona que te haya ofendido y envíale mentalmente una gran sonrisa.

Los primeros tres pasos de este libro te han servido para aprender a mirarte menos el ombligo, a centrarte más en lo negativo de la vida y a decir que no con más frecuencia. Si dejas el proceso aquí, corres el riesgo de convertirte en un cascarrabias gruñón e irascible o, incluso, en el tipo de persona que se pone hecha una fiera en un atasco o que no hace otra cosa que criticar a sus compañeros de trabajo. Por eso es importante que sigas leyendo y aprendas a controlar tus emociones (especialmente las negativas), y hasta a reprimirlas por completo a veces.

Quiero dejar claro a qué me refiero con «emociones negativas» en este contexto. El hecho de que emociones como la culpa, la vergüenza y la ira se consideren negativas no significa que sean malas ni que haya que eliminarlas del todo; al fin y al cabo, son sentimientos humanos. «Negativos» significa simplemente que son respuestas a eventos negativos de nuestras vidas. Cuando algo negativo ocurre, está bien que nuestras emociones puedan informarnos de ello. Al contrario de lo que se dice a veces, la facultad de sentir culpa y vergüenza es muy importante para las personas. Si no podemos sentir culpa, no podemos considerarnos agentes morales con responsabilidad sobre nuestras acciones, especialmente las fechorías que cometemos. La culpa nos dice que hemos hecho algo mal, así que, aunque la sensación sea negativa, es muy necesaria en nuestra vida.

Lo mismo ocurre con la vergüenza. Si no fuésemos capaces de sentirnos avergonzados, no podríamos saber cómo hacemos sentir al mundo que nos rodea. La vergüenza es una señal de que actúas de un modo inaceptable en tu comunidad. Hasta se podría decir que sería difícil convertirnos en personas maduras y reflexivas (con el carácter y la integridad del cual hemos hablado en el capítulo anterior) si no conociéramos la vergüenza. Desde el punto de vista de la psicología del desarrollo, esto está descrito en el Génesis: al principio, Adán y Eva eran animales, una especie de monos desnudos sin ataduras morales. Al comer la fruta del árbol de la sabiduría, entendieron los conceptos del bien y del mal y empezaron a sentirse avergonzados de su desnudez. Dios les dio ropa y los echó de su estado paradisíaco (pero, en esencia, animal), y a partir de entonces se convirtieron en personas. La humanidad está intrínsecamente ligada a la moral, que nos viene a través de la vergüenza. Si el mito refleja alguna verdad psicológica, es que ser humano está vinculado a la habilidad de sentir vergüenza, puesto que mediante este sentimiento nos vemos a través de los ojos de otros y podemos valorar quién somos realmente. Sin esta capacidad de observarnos desde fuera (que se desarrolla junto a la habilidad de sentir vergüenza) no seríamos humanos con capacidad de reflexión; en otras palabras, no podríamos relacionarnos con nosotros mismos, lo cual es indispensable para llevar una vida basada en la razón.[1]

Las emociones negativas son importantes y por eso los padres no deberían intentar impedir que sus hijos experimenten sentimientos de culpa y vergüenza, ya que justamente esos sentimientos son los que ayudan al niño a entrar en un universo moral en el cual, con el tiempo, podrá desarrollarse hasta ser una persona responsable. Cuando yo era pequeño, era habitual decir a los niños: «¡debería darte vergüenza!», pero hoy en día no suele oírse esta frase... lo cual quizás es una pena. Tenemos que reconocer la importancia de los sentimientos negativos y lo mismo podemos decir de sentimientos positivos como alegría, orgullo y gratitud, por supuesto. Pero no debemos poner toda nuestra fe en las

---

1. Este es el tema principal en los textos de Søren Kierkegaard, por ejemplo en *Sygdommen til døden* (trad. cast. (2008). *La enfermedad mortal*, Editorial Trotta, Madrid), donde se define como una relación relacionada consigo misma. Describí junto al psicólogo noruego Ole Jacob Madsen la psicología implícita en la narración del génesis en el artículo «Lost in paradise: Paradise Hotel and the showcase of shamelessness», Cultural Studies ↔ Critical Methodologies, 12, págs. 459-467 (2012).

emociones, aunque en la actualidad sea lo habitual. Presuntos futurólogos hablan de «la sociedad de los sentimientos», los psicólogos alaban la «inteligencia emocional». Se ha extendido la idea de que para ser auténtico (algo que para muchos es el estado ideal) uno tiene que expresar los sentimientos que tenga, tanto si son positivos como negativos. Quien está contento debería cantar y bailar; quien está enfadado no puede reprimir su furia de ningún modo, ya que se consideraría que no es auténtico. En este cuarto capítulo entenderás lo problemático que es este culto a la autenticidad emocional y aprenderás a contrarrestarlo reprimiendo los sentimientos. Esto supone renunciar a la autenticidad, pero hay muchos motivos para tomarse el concepto de autenticidad con escepticismo: en lugar de querer ser auténtico a toda costa, un adulto racional debería intentar alcanzar una cierta dignidad que implica controlar las emociones.

La cultura emocional

La cultura acelerada también es una cultura emocional. El sociólogo Zygmunt Bauman (que, como hemos dicho antes, introdujo el concepto de «modernidad fluida» para caracterizar nuestra era) ha descrito la evolución de la sociedad, de cultura de la prohibición a cultura de las órdenes.[2]

2. Una buena fuente es su libro *Liquid Times: Living in an Age of Uncertainty*, Polity Press, Cambridge, 2007.

Este cambio conlleva otra visión de las emociones y la moral. En una cultura de la prohibición, la moral consiste en una serie de leyes que indican qué no se puede hacer o pensar. El psicoanálisis de Freud, por ejemplo, es una clara expresión de cultura de la prohibición: la sociedad exige que se repriman los sentimientos prohibidos, como el apetito sexual, y se sublimen conforme a normas establecidas. Quien no era capaz de hacerlo desarrollaba neurosis como reacción psicopatológica al exceso de apetitos y sentimientos. Pero hoy en día las neurosis no son el principal problema psiocopatológico; de hecho, el concepto de neurosis ni siquiera aparece en los sistemas de diagnóstico más modernos. A grandes rasgos, las neurosis afectaban a personas que vivían en una sociedad que exigía echar raíces, estabilizarse y adaptarse. Quien no lo conseguía, podía acabar con una neurosis, como una patología funcional. Pero ahora la movilidad ha ocupado el lugar de la estabilidad y la moral ya no está basada en prohibiciones («¡no debes hacer esto!»), sino en órdenes («¡tienes que hacer esto!»). Las emociones que antes había que reprimir, ahora tienen que expresarse.

La cultura acelerada no tiene ningún problema con que la gente sea emocional, motivada o ambiciosa. El problema ya no es un exceso de emociones, sino la falta de ellas. No hace mucho oí a un sexólogo decir en un programa de radio que antes sus pacientes acudían a él por un exceso de libido y ahora, por falta de ella. El problema actual no es la gente (demasiado) flexible, sino la gente (demasiado) estable: las personas que no tienen la motivación, energía y ambición suficientes para seguir el ritmo de las exigencias continuas de flexibilidad, adaptabilidad y desarrollo personal. El trastorno mental que se expresa con falta de energía y vacío emocional ya no es la neurosis, sino la depresión. El problema ya no viene de las emociones y los apetitos, de querer demasiado; la palabra «demasiado» ha adquirido otro sentido y no para de evolucionar en una sociedad que valora el desarrollo y el cambio por encima de todo. En una cultura acelerada, querer demasiado se considera positivo; los más ambiciosos son los que triunfan. Por eso podemos llamar a la situación actual «el problema de la energía»: ¡nunca llego a todo! ¡Me faltan motivación, sentimiento y pasión! Sólo hay que ver en cuántos campos se ha metido el concepto «pasión». La *coach* Sofia Manning de la web coach.dk, por ejemplo, pregunta a sus lectores si viven con pasión. Inconscientemente, describe con gran precisión la mentalidad de la cultura de las órdenes:

> Hay que ser apasionado, hacer lo que nos encanta, ir al trabajo debería ser divertido, tienes que marcar la diferencia... estas son sólo algunas de las convicciones que imperan en mi sector y soy feliz porque en mi caso todas son ciertas.[3]

3. http://coach.dk/indlaeg-om-coaching-og-personlig-udvikling/lever-du-et-passioneret-liv/350

Reprime tus sentimientos

En la cultura acelerada, palabras como «apasionado», «amar» y «divertido» se vinculan cada vez más a menudo a nuestra vida laboral y esto ha llevado a la socióloga Eva Illouz a describir nuestra época como «capitalismo emocional», un sistema en que la economía y las emociones están entrelazadas.[4] El capitalismo emocional es una cultura emocional en la que los sentimientos son una parte importante de las transacciones entre personas. Nuestras competencias son lo que nos hace más atractivos en el mercado (tanto en el mercado laboral como en el amor). El concepto de «trabajo emocional» está bien descrito en la literatura sociológica y durante mucho tiempo ha sido algo específico del sector servicios. Por ejemplo, el personal de cabina de vuelo tiene que sonreír y ser amable en todo momento con los pasajeros (estresados y tal vez hasta nerviosos), y no cambiar de actitud aunque los pasajeros se comporten con mala educación, por muy molesto que les parezca. Algunas aerolíneas incluso envían a su personal a cursos de teatro para que sepan aparentar sentimientos positivos.[5] Estos cursos están basados en las teorías del *method acting*, lo cual implica que

4. Su libro sobre este tema se titula *Cold Intimacies: The Making of Emotional Capitalism*, Polity Press, Cambridge, 2007 (trad. cast. (2007). *Intimidades congeladas. Las emociones en el capitalismo*, Katz, Buenos Aires).
5. Arlie Russell Hochschild describe este trabajo emocional en *The Managed Heart: Commercialization of Human Feeling*, University of California Press (1983).

los actores no sólo interpreten ciertas emociones, sino que las sientan realmente. La palabra clave es «autenticidad». Queremos que el personal de cabina esté contento, no que finja estarlo.

Hoy en día, este tipo de trabajo emocional se ha extendido del sector servicios a casi todos los demás. En organizaciones con estructuras de mando horizontales y mucho trabajo en equipo se considera básico que los trabajadores sean positivos, colaboradores y flexibles en sus relaciones humanas. Por tanto, las competencias más importantes son personales, sociales y emocionales. Los jefes modernos también tienen que ser apasionados. Los interesados pueden poner en práctica los «ocho pasos para convertirse en un jefe apasionado» (un jefe que sabe identificar sentimientos positivos, capacidades y tejer redes) para hacerse a la idea de cómo se manifiesta el capitalismo emocional.[6] Podemos hablar de comercialización o mercantilización de la vida emocional: en el mercado laboral se compran y venden emociones y si nos falta competencia emocional (o inteligencia emocional, un término psicológico que ha hecho furor las últimas décadas) podemos ir a un cursillo de desarrollo personal para recuperar el contacto con nosotros mismos.

Como ya sabemos, es mala idea hacer demasiada introspección, ya que, por decirlo con la terminología del desarrollo personal, es más parte del problema que parte de la solución.

6. http://www.personaleweb.dk/content/otte-trin-til-passioneret-ledelse

En lugar de ir a un cursillo de desarrollo personal, podrías indagar en los orígenes de la cultura emocional. Richard Sennett escribió su famoso análisis sobre este tema, *El declive del hombre público,* a finales de la década de los setenta.[7] El hombre público vivía en la antigua cultura de la prohibición, en la cual la vida estaba regida por rituales establecidos. En lugar de ser auténtico y expresar sentimientos, tenía que llevar máscara. Sennett describe que estas convenciones sociales desaparecieron gradualmente a medida que se abrió paso el ideal de la autenticidad y, en particular, a partir de los movimientos contraculturales de los sesenta. Los rituales establecidos (como dar la mano o hablar de usted a los desconocidos) empezaron a despertar recelos y a ser vistos como algo que reprimía la convivencia espontánea, creativa e íntima entre personas. Sin embargo, según Sennett, fue una equivocación, ya que todas las sociedades necesitan rituales que regulen la convivencia civilizada. Basar el comportamiento público en convenciones rituales no tiene ningún efecto perjudicial sobre la autenticidad ni significa que estemos fingiendo ser algo que no somos. Sufrimos (literalmente) por culpa de la idea falsa de que lo impersonal, lo ritualizado, es incorrecto a nivel moral. Sennett incluso llega a asegurar que el desprecio de la época moderna por los rituales nos hace más primitivos a nivel cultural que cualquier tribu de cazadores y recolectores.

7. Sennett, Richard (2003, or. 1977). *The Fall of Public Man*, Penguin, Londres. (trad. cast. (2011). *El declive del hombre público*, Anagrama, Barcelona).

Sé tú mismo

La búsqueda de lo auténtico y lo emocional de la sociedad moderna nos ha traído lo que Sennett llama «la tiranía de la intimidad», en la que el ideal de las relaciones humanas (tanto en la vida privada como en la escuela o en el trabajo) es un contacto auténtico y basado en las emociones. Sin embargo, este ideal sólo sirve para herirnos continuamente unos a otros. ¿Y si en realidad esta falta de convenciones sociales ritualizadas fuese la causa de la aparente epidemia de acoso en escuelas y lugares de trabajo? Hemos perdido nuestro sentido cívico o nuestra educación, que Sennett define como convenciones sociales que protegen a las personas unas de otras de modo que puedan disfrutar de su compañía mutua. Llevar máscara es la esencia de la civilidad. Se considera poco auténtico y amoral, pero en el fondo es lo contrario (algo que también afirma Slavoj Žižek, que ya ha aparecido en este libro); o, al menos, lo es en contextos públicos como escuelas, empresas, instituciones, etcétera, donde una máscara educada y ritualizada puede ser indispensable para la coexistencia. Desde esta perspectiva, el avance de la cultura emocional y la terapeutización cada vez mayor de distintos espacios públicos es de lo más problemática, ya que cada vez se nos exige más que nuestro comportamiento externo coincida con lo que sentimos en el interior. En conjunto, como ya hemos visto en el primer capítulo, es problemático basar las decisiones en sentimientos internos. Quizás deberíamos aprender del poeta Leonard Cohen, que en la canción *That Don't Make It Junk*, canta: «I know that I'm forgiven, but I don't know how I know. I don't trust my inner feelings. Inner feelings come and go».

Las consecuencias de la cultura emocional

Como dice Cohen, los sentimientos en sí mismos no tienen nada que haga que valga la pena confiar en ellos, y expresarlos, menos. En una situación cultural en cambio constante, es probable que nuestras emociones también cambien más rápido que nunca. Un día nos apasiona la obra de una asociación benéfica, el siguiente invertimos nuestras emociones en una serie de televisión americana. Al menos, eso es lo que me pasa a mí, aunque intento evitar la introspección. En general nuestros sentimientos no nos ofrecen una base sobre la que ser nosotros mismos, sino que cambian según las circunstancias y tendencias del momento. Por eso es una ilusión creer que para ser auténticos debemos hurgar en nuestros sentimientos internos. Por muy auténtico que sea, no es nada deseable explotar en un ataque de ira contra un coche que va demasiado despacio por el carril izquierdo.

En realidad, el culto a la autenticidad que nos impulsa a perseguir sentimientos verdaderos es infantiloide. El ideal implícito es un niño que se deja llevar por sus emociones y sonríe si está contento o grita si está frustrado. Y aunque un niño pueda ser adorable, este culto a la autenticidad y a lo infantil genera muchos problemas en la vida adulta. Como adultos, deberíamos admirar a quienes pueden controlar y hasta reprimir sus emociones negativas. Por otra parte, tampoco hay que sacar a relucir las emociones positivas como si nada. Si alguien repite una y otra vez «¡esto es súper fantástico!», la frase pierde sentido al cabo de poco. Personalmente, dejo de escuchar enseguida cuando alguien ha ido a un cursillo de comunicación apreciativa y no para de soltar piropos. Más vale contener las emociones hasta que nos hagan falta. Si «odias» el paté, ¿con qué palabra describirás lo que piensas de un dictador? Y si el paté «es lo mejor del mundo», ¿cómo describirías tu relación con tus hijos? El ideal de autocontrol estoico puede ayudar a poner las cosas en perspectiva.

Mucha gente replicará que reprimir emociones está mal, porque enterramos nuestros sentimientos internos (especialmente cuando lo que reprimimos son emociones negativas), de modo que crecen y nos hacen enfermar. La teoría es que tenemos que expresar nuestros sentimientos por el bien de nuestra salud. Pero... ¿es eso cierto? Los estudios no se ponen de acuerdo. Durante mucho tiempo se ha relacionado la represión e inhibición de emociones con todo tipo de males, desde baja autoestima hasta cáncer. Pero las conclusiones de los estudios apuntan en distintas direcciones. Por ejemplo, algunos indican que las personas con tendencia a reprimir emociones como la ira corren más peligro de desarrollar cáncer y de que la enfermedad tenga un curso negativo... si son mujeres. En el caso de los hombres, parece que sería al revés: los que más expresan sentimientos como rabia son los que tienen más posibilidades de morir de cáncer en los siguientes años.[8] O, por decirlo de un modo más positi-

8. Harburg, E., *et al.* (2003), «Expressive/Suppressive Anger-Coping Responses, Gender, and Types of Mortality: a 17-Year Follow-Up», *Psychosomatic Medicine*, n.º 65, págs. 588-597.

vo: en los hombres, la capacidad de reprimir la ira reduce el riesgo de morir de cáncer. Aun así, no creo que debamos prestar demasiada atención a este tipo de resultados, ya que a menudo son bastante endebles y no vale la pena basar una filosofía de vida en ellos. En su crítica de la terapeutización de la vida, tan en boga hoy en día, la psiquiatra Sally Satel y la filósofa Christina Hoff Sommers resumen los estudios que muestran que reprimir las emociones (y hasta suprimirlas) puede ser algo saludable y que contribuye a una buena vida y llegan a la conclusión de que para la mayoría de la gente dar rienda suelta a las emociones no ayuda a alcanzar una buena salud mental, sino que es probable que sea mejor contenerlas, incluso en caso de tragedias o pérdidas.[9]

También hay quien opina que reprimir emociones puede ser perjudicial para la autoestima, porque uno aprende que sus emociones pueden estar equivocadas. La réplica obvia es que ¡por supuesto que las emociones pueden estar equivocadas! Si reacciono con una furia bestial porque mi hijo pequeño vierte la leche sobre la mesa, esa emoción no es correcta. Si hago trampas jugando al golf, pero luego me enorgullezco de haber ganado el torneo, esa emoción no es correcta. Se nos podrían ocurrir muchos más ejemplos. Es importante reconocer que los sentimientos no siempre son legítimos y que, por tanto, hay que controlarlos y reprimir-

9. Sommers, C.H. y Satel, S., (2005). *One Nation Under Therapy: How the Helping Culture is Eroding Self-Reliance*, St. Martin's Griffin, Nueva York, pág. 7.

Sé tú mismo

los. Esto podría ser especialmente importante en lo que respecta a sentimientos negativos como envidia, furia y desdén, pero no se limita a ellos. Además, sobre la autoestima hay muchos mitos. En nuestra cultura emocional oímos una y otra vez que la autoestima es buena y que una baja autoestima provoca todo tipo de males, pero en realidad existen muchos estudios que indican que el problema más grave que tiene nuestra sociedad no es la baja autoestima, sino un exceso de autoestima, que está estadísticamente asociada a la psicopatía y la inmoralidad.[10] A lo largo de los últimos años varios estudios han demostrado que la autoestima no es el Santo Grial que mucha gente del sector de la pedagogía y el desarrollo personal se habían esperado.

En resumen, no hay ningún motivo para temer que reprimir los sentimientos negativos pueda ser nocivo para nuestra autoestima (o la de los niños); de hecho, reprimir sentimientos negativos como la ira hasta podría ayudar a impedir el desarrollo de rasgos indeseables. Mucha gente tiene tendencia a enfadarse más en cuanto empiezan a expresar su furia. En Dinamarca lo vimos en una famosa entrevista al exministro Bertel Haarder, a quien un periodista crítico sacó de sus casillas: el político no sólo se enfadó con el periodista (quien, por cierto, mantuvo una calma estoica), sino también consigo mismo por haberse dejado llevar por

10. Véase Baumeister, R. *et al.* (2003). «Does high self-esteem cause better performance, interpersonal success, happiness, or healthier lifestyles?», *Psychological Science in the Public Interest*, n.º 4, págs. 1-44.

Reprime tus sentimientos

la furia. Es lo mismo que les ocurre a los niños pequeños: se quedan atascados en su propia frustración, sus propios lloros los llevan a llorar más, etcétera. La mayoría de los padres saben que para sacar al niño de este círculo vicioso tienen que usar maniobras de distracción. Los adultos tenemos que encontrar nuestra propia capacidad de distraernos, es decir, de apartarnos de nuestra furia, envidia o lo que sea, justamente para reducir y, quizás en última instancia, reprimir los sentimientos negativos. También hay estudios psicológicos que indican que, si reprimimos las emociones negativas, tenemos menos tendencia a recordar los episodios desagradables relacionados con ellas.[11] Quizás recordamos las cosas desagradables de la vida (por ejemplo, si algo nos ha ofendido gravemente) debido a nuestra fuerte reacción ante ellas. Según el pensamiento estoico, reprimir la furia conduce a una mayor serenidad y reduce los pensamientos negativos que pueden hacernos perder el equilibrio.

Pero ¿no hay una contradicción, aquí? ¿Encaja lo de suprimir emociones negativas con aquello de centrarse en las cosas negativas que defendí en el capítulo dos de este libro? Sí y no. Son dos consejos distintos para situaciones distintas. A veces va bien quejarse de las cosas negativas y otras veces es mejor no permitir que nos enfurezcan. Ninguna de estas actitudes sirve en todos los casos. Al contrario de los libros de autoayuda normales, que tienen tendencia a reco-

11. Este estudio se analiza en Held, B. (2001). *Stop Smiling, Start Kvetching*, St. Martin's Griffin, Nueva York.

Sé tú mismo

mendar una única solución específica (como, por ejemplo, el pensamiento positivo), el mensaje de este libro es que la realidad es compleja y que no siempre hay una respuesta que valga para todo. Ya dije que dudar es importante, ¿no? Además, debemos recordar que enfadarse no es lo mismo que centrarse en las cosas negativas; de hecho, el objetivo de un estoico es, precisamente, poder centrarse en lo negativo sin enfadarse y aceptarlo como parte de la vida o intentar cambiarlo, si es que eso es posible a la práctica.

¿Qué puedo hacer yo?

Bueno, ¿cómo podemos aprender a reprimir nuestras emociones? Cojamos la furia como ejemplo. Los pensadores estoicos, especialmente Séneca, la estudiaron minuciosamente.[12] La idea central es que la furia es una emoción clave del ser humano. Sólo pueden enfurecerse los adultos: los niños pueden adoptar actitudes agresivas o sentirse frustrados, pero no solemos hablar de furia cuando nos referimos a bebés o gatos, porque la furia requiere una autoconciencia reflexiva que no se desarrolla hasta que somos adultos; una de las cosas necesarias para sentirla es haber aprendido a avergonzarse. Séneca define la furia como un impulso de venganza y defiende que la vida es demasiado corta para enfure-

12. Séneca (1975). *Om vrede, om mildhed, om sindsro*, Gyldendal, Oslo.

cerse, por muy humano que sea este impulso. La furia podría considerarse un subproducto de nuestra autoconciencia, algo que debemos tolerar, pero de lo que también debemos desembarazarnos lo antes posible.

Una de las principales técnicas para controlar y eliminar la furia es el humor. Según Séneca, la risa es una respuesta útil ante algo que, si no, nos enfurecería. Si alguien nos insulta, por ejemplo, reaccionar con humor es mejor que con agresividad. Hace poco el cantante James Blunt recibió muchas alabanzas por haber respondido con humor a varias provocaciones en las redes sociales: sus respuestas resaltaron la estrechez de miras de sus *haters*. Un ejemplo de Twitter: cuando le dejaron un comentario que decía «*James Blunt just has an annoying face and a highly irritating voice*» [James Blunt sólo tiene cara de bobo y una voz muy molesta], Blunt contestó simplemente «*And no mortgage*» [Y no tiene hipoteca]. Puedes buscar respuestas de James Blunt en Google para inspirarte sobre cómo responder a insultos que de lo contrario podrían generar resentimiento. Séneca destaca que cuando te enfureces (algo que no siempre se puede evitar), debes disculparte: una disculpa no sólo puede reparar la relación social, sino también darte fuerzas. El hecho de disculparse suele ayudar a dejar de dar vueltas a lo que te había hecho enfadar.

Epicteto recomendaba la técnica de la «visualización proyectiva» para reprimir la furia. Su ejemplo (hay que recordar que esto era la antigua Roma) es qué hacer si te enfadas porque un esclavo rompe una taza. Este hecho podría desencadenar una reacción de furia, pero, en lugar de enfurecerse, hay que proyectar la situación a otro contexto: imaginar, por ejemplo, que ha sido un esclavo en casa de un amigo y que, en lugar de enfurecerse, es mejor intentar calmar al amigo.[13] Pensando de este modo, nos damos cuenta de que la situación no es para tanto y esquivamos la furia. Marco Aurelio también se centró en la insignificancia de lo que ocurre como vacuna contra la furia. En general recomienda tener en cuenta la transitoriedad de las cosas para evitar furia y frustración cuando esas cosas desaparecen. Que se rompa una taza puede ser una pena (especialmente si era valiosa) pero desde la perspectiva de la eternidad, todo es perecedero, de modo que no tiene ninguna transcendencia.

Es decir: la vida es demasiado corta para la furia. Hay que aprender a reprimir las emociones que perturban nuestra serenidad y nos impiden ser nosotros mismos; no podemos serlo si nos dejamos llevar por nuestras emociones a la mínima. Nos bombardean por todas partes con mensajes que apelan a nuestros sentimientos (en televisión, en las redes sociales y en la publicidad), y esto hace cambiar constantemente lo que queremos. Si cedes ante estos deseos efímeros, no puedes mantenerte firme y, por tanto, no puedes

---

13. Este ejemplo aparece en la página 79 de Irvine, W. B. (2009). *A Guide to the Good Life – The Ancient Art of Stoic Joy*, Oxford University Press (trad. cast. (2019). *El arte de la buena vida. Un camino hacia la alegría estoica*, Paidós, Barcelona).

Reprime tus sentimientos

cumplir con tus obligaciones. Por eso debes aprender a reprimir tus sentimientos. Quizás esto va a costa de la autenticidad, pero eso es positivo. Controlar las emociones confiere dignidad. Practica llevar máscara y ejercita la impasibilidad ante las cosas insignificantes. Así podrás pasar al siguiente paso: despedir a tu *coach*.

5
Despide a tu *coach*

El *coaching* se ha convertido en la herramienta de desarrollo personal más habitual de la cultura acelerada. Se supone que un *coach* te ayuda a encontrar las respuestas en tu interior y a aprovechar todo tu potencial, pero eso es totalmente erróneo. Más vale que despidas a tu *coach* y os hagáis amigos. Regálale una entrada para un museo, pregúntale qué podemos aprender sobre la vida si miramos hacia el exterior en lugar de hacia el interior. Aprende a disfrutar de lo que ofrecen la cultura y la naturaleza (con tu ex *coach*, si es posible). Haz una excursión o visita un museo al menos una vez por semana.

Claro que es posible que tu *coach* o terapeuta ya haya dimitido porque no haces suficiente introspección y has empezado a centrarte en las cosas negativas, a decir que no y a reprimir tus emociones; pero si no se ha ido, es el momento de que lo despidas tú. Ya sabes que la promesa de que «encontrarás las respuestas en tu interior» es una ilusión y que el *coaching* es, tal vez, la manifestación más visible de todo lo malo de esta cultura acelerada en la que es tan difícil ser uno mismo. El espíritu del *coaching* es el desarrollo y el cambio constante, con independencia de la dirección y el contenido; es su razón de ser, tanto cuando se ofrece como servicio que se puede comprar, como cuando la directiva de una empresa actúa como *coach* de los empleados o cuando los profesores se lo hacen a sus alumnos.

En este capítulo, cuando digo que despidas a tu *coach*, no me refiero a un *coach* en el sentido literal de la palabra; de hecho, lo más probable es que no puedas permitirte un *coach*, ya que a menudo los precios son prohibitivos. Me refiero a la tendencia a rodearnos de todo tipo de elementos que representan el desarrollo personal (y a depender de ellos), algo que llamo «coachificación de la vida» y que personifico en la imagen del *coach*, una imagen que utilizo para representar un rasgo general de la cultura acelerada. El *coach* predica el desarrollo, la positividad y el éxito: es lo contrario a las ideas estoicas de alcanzar la serenidad mediante la firmeza. Y si uso la palabra «predicar» es porque casi da la sensación de que el *coach* es una especie de sacerdote de nuestra era y su obsesión con el desarrollo y la realización personal roza lo religioso.

La *coachificación* de la vida

El sector del *coaching* ha experimentado un crecimiento explosivo en los últimos años y puede considerarse una especie de religión en la cultura acelerada.[1] Debemos tomarlo como parte de una visión más amplia del mundo que sitúa el

1. Este análisis está basado en mi artículo «Coachificeringen af til-værelsen», *Dansk Pædagogisk Tidsskrift*, n.º 3, págs. 4-11 (2009).

Despide a tu *coach*

yo y el desarrollo personal en el centro. La demanda de *coaching* parece insaciable y estamos sometidos a ella tanto en el trabajo como en nuestra vida privada. Hay *coaching* para directivos, empleados, adolescentes, familias, *coaching* sexual, *coaching* para estudiantes, *coaching* espiritual, *coaching* para bebés, *coaching* vital, *coaching* de lactancia y muchos tipos más. Nadie quiere renunciar a su parte del pastel y hoy en día prácticas como la orientación, la psicoterapia y la pastoral han asumido los postulados del *coaching*. Pocos años atrás, muchos de mis amigos y conocidos empezaron a formarse como *coaches*. Ahora hay tantos que muy pocos pueden vivir de ello, pero la idea que impregna su formación se ha transmitido a muchos ámbitos de la sociedad.

El *coaching* se ha convertido en la manera estándar de orquestar las relaciones interpersonales, especialmente cuando alguien ha identificado una necesidad de desarrollo. El *coach* nos hace avanzar; en teoría, a nuestro ritmo y partiendo de nuestras propias preferencias, algo que es posible porque no es una autoridad externa que dictan qué es bueno y malo en nuestras vidas. Según la mentalidad de consumo tan extendida en nuestra época, el cliente siempre tiene razón, así que yo soy el único que puedo saber lo que es bueno y malo para mí. El *coach* tiene que ayudarme a conocerme a mí mismo y a mis preferencias, pero no debe dictarlas; tiene que reflejar mis deseos y ayudarme a lograr mis objetivos. Puede hacer preguntas, pero las respuestas deben venir de mí.

De este modo el *coaching* se ha convertido en una herramienta psicológica esencial en la cultura que gira alrededor del yo. En este sentido, forma parte de una visión del mundo más amplia a la que podríamos poner el provocativo nombre de «la religión del yo»[2] y que ha asumido muchas de las funciones del cristianismo: el cura se ha convertido en psicoterapeuta o *coach*, las confesiones se han convertido en sesiones de terapia y otras técnicas de desarrollo personal, metas como la gracia y la salvación se han sustituido por realización personal, desarrollo de competencias y aprendizaje continuo. Y, en último lugar (aunque quizás es lo más importante), el lugar de Dios como centro del universo ha quedado ocupado por el yo. Nunca antes habíamos hablado tanto del yo y de sus características (autoestima, autoconfianza, desarrollo personal, etcétera), ni habíamos tenido tantas maneras de medir, evaluar y desarrollar el yo (aunque en el fondo ni siquiera sepamos qué es).

Al contrario que en el cristianismo, en la religión del yo no hay ninguna autoridad externa (Dios) que establezca el marco de la existencia y el desarrollo de las personas. Lo que tenemos es una autoridad interna (el yo) que consideramos la luz que guía nuestras vidas. Como ya hemos visto antes en este libro, esto hace que sea importante «conocerse a uno mismo», puesto que nos permite «trabajar con nosotros

---

2. Los sociólogos de la religión utilizan el término «sacralización del yo» para designar la deificación del yo presente en muchas prácticas actuales como terapia, *coaching* y *New Age*. Véase, por ejemplo, Madsen, Ole Jacob (2014). *Det er innover vi må gå*, Universitetsforlaget, Oslo, pág. 101.

Despide a tu *coach*

mismos» para desarrollarnos hacia dónde queremos ir. Eso ha provocado que crianza, formación, liderazgo, trabajo social y muchas disciplinas sociales más se hayan terapeutizado. El profesor moderno no es un ser odioso y autoritario que transmite conocimientos generales, sino un *coach*, prácticamente un terapeuta, que facilita el «desarrollo personal completo» de los alumnos. Hace mucho que los maestros abandonaron la vara, pero hoy en día pueden usar una «vara psicológica», es decir, juegos socioeducativos o de terapia de grupo que les permiten ejercer un control social mediante el desarrollo personal. Estos juegos parten de la idea de que los niños se desarrollan identificando sus cualidades positivas de un modo muy individualizado. Incluso hay muchos profesores con formación en *coaching* pedagógico. Del mismo modo, los jefes modernos ya no son una autoridad lejana que se limita a contratar, despedir y gestionar, sino un terapeuta atento y empático que contribuye al desarrollo de las competencias personales más demandadas de los trabajadores, por ejemplo, mediante reuniones de desarrollo laboral o sesiones de orientación. Cuando vamos a trabajar nos llevamos el yo, así que hay que desarrollarlo en el sentido que el mercado necesita. Por encima de todo, es imperativo que nos veamos como material para proyectos de desarrollo competencial[3] y

---

3. Éste es el tema principal de los interesantes estudios de la vida laboral de Kirsten Marie Bovbjerg, véase, por ejemplo, «Selvrealisering i arbejdslivet» en Brinkmann, S. y Eriksen, C. (red.) (2005). *Selvrealisering: Kritiske diskussioner af en grænseløs udviklingskultur,*

el *coaching* es una herramienta esencial para descubrir, jerarquizar y optimizar nuestras competencias.

Los peligros el *coaching*

Anthony Robbins, gurú del *coaching*, ha asistido a George Bush, Bill Clinton y Mijaíl Gorbachov (¡no es broma!), aparte de haber formado a la *coach* danesa Sofia Manning.

> En mi opinión, lo más necesario para ser feliz es el progreso. En mis sesiones uso un concepto clave que llamo «Constant Never Ending Improvement» [Mejora constante infinita], y es el principio que me aplico a mí mismo. Si quieres una relación que te haga feliz, tienes que cuidarla. Si quieres estar contento con tu cuerpo, tienes que entrenar. Si quieres que tu trabajo o tu negocio tengan éxito, debes progresar.[4]

«Mejora constante infinita» parece un eslogan útil para deportistas de éxito, pero como fórmula de la felicidad para gente normal, resulta bastante dudosa. El peligro del *coaching* es que no se te permite estar quieto. Siempre se puede

---

Klim, Århus, pág. 61. Véase el artículo en *Berlingske Nyhedsmagasin*, n.º 31, octubre de 2007.

4. Véase el artículo en la revista *Berlingske Nyhedsmagasin*, n.º 31, octubre de 2007

mejorar y, si no mejoras, es culpa tuya: no te has esforzado suficiente. El mensaje es que todo es posible si crees en ello y lo quieres con toda tu alma. Si algo no va bien, es porque no has movilizado suficiente voluntad y motivación. Tal y como describió Rasmus Willig, la consecuencia es que cuando tenemos algún problema, nos criticamos a nosotros mismos: la crítica social externa se internaliza y se convierte en autocrítica.[5]

Otro problema del *coaching* es que se suele pensar que es la panacea cuando alguien se atasca, está agotado o deprimido, o si se siente vacío... mientras que en realidad el agotamiento puede ser el resultado de la exigencia constante de desarrollo y mejora personal y, en tal caso, el *coaching* sólo sirve para empeorar las cosas que debería resolver. Es decir: es un medicamento que nos hace enfermar todavía más. Hasta es posible que llegue el momento, después de mucha introspección, en que te des cuenta de que ahí dentro no hay nada; en este punto, el *coach* no tiene nada con qué trabajar y la relación queda vacía. En teoría, el *coach* te planta delante de un espejo que te ayuda a discernir qué objetivos, valores y preferencias llevas dentro; la idea es que eso haga que sea más fácil convertirlos en realidad. La base de la religión del yo es que las respuestas están dentro de uno mismo. Esto, por un lado, determina la dirección del desarrollo personal (¿a dónde quiero ir?) y, por el otro,

5. Willig, R. (2013). *Kritikkens U-vending*, Hans Reitzels Forlag, Copenhague.

actúa como vara de medir de su éxito (¿cuándo seré suficientemente bueno?). Pero esta vara de medir es subjetiva (no depende de estándares externos) y por eso existe el riesgo de intentar desarrollarse en un vacío infinito. ¿Cuándo hay que parar? La clave está en el nombre, «mejora constante infinita»: nunca llegarás a ser lo suficientemente bueno. Una página web satírica de Dinamarca colgó una historia sobre un hombre que había terminado su desarrollo personal porque había realizado todo su potencial. La gracia de la historia está en que, según la religión del desarrollo personal, es imposible acabar de desarrollarse. Y todavía es más graciosa porque muestra la absurdidad de esta religión.

Como muchos atletas, el ex remador de élite Arne Nielsson se convirtió en *coach* profesional al final de su carrera deportiva. Nielsson también escribió el superventas *Din teenager skal coaches, ikke opdrages* [Tu hijo adolescente no necesita órdenes, sino *coaching*], en el cual explica que el papel autoritario tradicional de los padres no basta y defiende que deben convertirse en una suerte de pared de frontón para sus hijos. Es difícil imaginarse un ejemplo más claro de la subjetividad imperante en la cultura acelerada que practican los *coaches* a través de la religión del yo. La educación depende de la existencia de ciertos marcos que se deben conocer y cumplir; por eso el concepto tradicional de educación parte de la idea de que hay cosas más allá de nosotros mismos que vale la pena conocer. En general, se acepta que la tarea de los padres (así como de pedagogos

Despide a tu *coach*

y profesores) es dar a los niños la integridad y la posibilidad de asumir el papel del que hemos hablado en el capítulo anterior y que debe servirles para actuar conforme al marco social. Pero si creemos que todo viene del interior (ambiciones, valores, ideales), la persona que educa al niño se convierte en un orientador o *coach* cuya principal misión no es definir valores y límites, sino reflejar lo que el niño tiene dentro.

La pregunta obvia es si una filosofía de la crianza basada en las ideas del *coaching* podrá producir adultos capaces de funcionar correctamente. Lo más probable es que estos niños se conviertan en adultos que se centren en sus impulsos en lugar de aprender qué es importante en la vida y qué obligaciones tienen como persona. Serán expertos en mirarse el ombligo y podrán ordenar sus preferencias y encontrar el modo más óptimo de realizarlas, pero en el fondo no serán más que niños grandes. Niños expertos en optimización de medios y metas, pero que ignoran completamente las obligaciones que hay más allá de la perspectiva y las preferencias propias del individuo. En otras palabras: no serán conscientes de que hay cosas que se tienen que hacer porque son importantes, no porque te apetezcan (o no). La importancia de las cosas no depende de cómo nos sintamos o las experimentamos, pero esta idea recibe muy poca atención en el ámbito del *coaching* o la religión del yo.

Sé tú mismo

Coaching y amistad

La confianza que mucha gente desarrolla en su relación con el *coach* o terapeuta parece haber desplazado a las amistades tradicionales. Los seres humanos son un animal que no sólo tiene una pareja (a veces, la misma durante toda la vida), sino también amigos. Desde Platón y Aristóteles, los filósofos han reconocido que la amistad es algo fundamental para la condición humana. Según Aristóteles, un amigo es una persona con la que pasamos tiempo para disfrute de ambos. Queremos lo mejor para nuestros amigos por su propio bien y no sólo porque nos convenga que las cosas les vayan bien. Por tanto, una amistad es una relación con un valor intrínseco: un amigo es aquella persona a quien ayudamos sin pedir nada a cambio. Si ayudas a otra persona porque te conviene, la relación no es de amistad, sino una asociación basada en un contrato implícito (yo te ayudo, tú me ayudas). El *quid pro quo* (una cosa por la otra) se aplica a muchas relaciones humanas, por ejemplo, entre empleador y trabajador, pero no a la relación entre padres e hijos (en la que estamos obligados a cuidar a los niños independientemente de si pensamos que ganaremos algo con ello) ni, según Aristóteles, a la relación entre amigos. Es probable que los humanos seamos el único animal que tiene amigos en este sentido, ya que las relaciones entre animales suelen regirse por el principio de *quid pro quo*.

La cuestión es si la religión del yo, centrada exclusivamente en las preferencias del individuo y en la que el *coach*

108

ofrece herramientas de desarrollo, se puede interpretar como una forma moderna de amistad. Y la respuesta es que no, porque la relación entre *coach* y cliente es instrumental por definición. Sólo se mantiene mientras ambas partes ganen algo con ello y, además, suelen estar basadas en el interés económico (al fin y al cabo, el *coaching* es un negocio). Es curioso que los sueños y secretos que en el pasado sólo se habrían compartido con los mejores amigos se discutan en reuniones de orientación cuyo objetivo es realizar nuestro «potencial completo». Parece ser un aspecto de una tendencia más amplia de la cultura acelerada, en la que cada vez es más difícil establecer amistades. La palabra «amigo» ya empieza a sonar obsoleta (a no ser que nos estemos refiriendo a «amigos» en el sentido superficial de los «amigos de Facebook») y mucha gente habla de sus «contactos» en lugar de referirse a «amigos». Pero los contactos son algo instrumental. Son algo que hay que mantener, cuidar y desarrollar para poder movilizarlos cuando los necesites. Si tienes que cambiar de trabajo, puedes preguntar a tus contactos para intentar encontrar el camino al éxito. Los sociólogos pueden medir el alcance y la fuerza de una red de contactos desde el punto de vista cualitativo y cuantitativo y expresarla como un «capital social»; en este contexto, el concepto de capital es bastante literal. Esta mercantilización de la amistad es lo que impide establecer amistades verdaderas. O al menos, amistades verdaderas en el sentido clásico, tal y como la entendían Aristóteles y los estoicos: es decir, un amigo que se define por su valor en la vida de otra persona y no solamente como recurso que se puede aprovechar para sacar el máximo jugo a la vida. Como cantaba el cantautor danés Jodle Birge, los verdaderos amigos no se pueden comprar.

¿Qué puedo hacer yo?

Si te pasa como a mí y no te sientes cómodo con esta coachificación ni con la instrumentalización cada vez mayor de las relaciones humanas que conlleva, empieza por depurar tu manera de hablar. En lugar de tener una red de contactos, deberías intentar tener amigos. Como ya hemos dicho, está claro que nos referimos a un amigo muy distinto a los de Facebook, por ejemplo. Un «amigo» de Facebook no es más que un contacto y una red está formada por relaciones basadas en algún tipo de contrato. En cambio, un verdadero amigo es una persona a quien deseas lo mejor y a quien estás dispuesto a ayudar aunque no ganes nada con ello. Sólo podemos esperar ser un verdadero amigo de alguien, ya que no es algo para lo que se pueda firmar un contrato vinculante. Como el amor. Así que recupera a tus amigos, al concepto de amistad y despide a tu *coach*.

Quién sabe, tal vez hasta os hagáis amigos: al fin y al cabo, muchas veces los *coaches* son gente maravillosa que se han metido en el sector porque les gusta la gente y quieren ayudar a otras personas. Es posible que descubráis juntos que hay cosas que tienen un valor intrínseco y que no se de-

Despide a tu *coach*

finen solamente por su utilidad para convertir el máximo de deseos de una persona en realidad. Quiero recomendar dos tipos de actividad que pueden servir como base para esta nueva amistad: una actividad cultural y otra relacionada con la naturaleza, representadas por una visita al museo y una excursión al bosque, respectivamente. Un museo es una colección de objetos del pasado (cercano o lejano), por ejemplo, arte u objetos culturales, que cuenta algo sobre una época o dimensión de la experiencia humana. Está de más decir que podemos aprender mucho yendo a un museo, pero para disfrutar al máximo de la visita, hay que ir sin pensar para qué va a «servir» la experiencia. En otras palabras, el truco está en valorar las cosas que no se van a «utilizar». La colección de un museo muestra y pone en relieve objetos que, desde una cierta perspectiva, son algo más que trastos viejos (o nuevos). Desde una perspectiva puramente utilitaria, eso es irracional, pero nos recuerda que nuestra experiencia colectiva procede de una tradición cultural. ¿Quizás nos resulte más fácil ser nosotros mismos si podemos apoyarnos en los demás?

Del mismo modo, un paseo por el bosque nos da la sensación de formar parte de la naturaleza y nos permite comprender que no debemos reducirla a una serie de recursos que existen solamente para servir nuestras necesidades. La hierba, los árboles y las aves existían mucho antes que los seres humanos y seguro que nos sobrevivirán. No están ahí para nosotros. En la perspectiva histórica, la naturaleza es un cosmos que supera el mundo de la experiencia humana.

No es que tengamos que deificar a la naturaleza, pero un poco de humildad ante ella puede dar lugar a un sano escepticismo respecto de la religión del yo, que parte de una cierta deificación de uno mismo. La manera más simple de apreciar el valor intrínseco de la naturaleza es acercarse a ella y preguntarse si la extinción del cachalote sería una pérdida para el mundo. Desde la perspectiva utilitaria de los humanos, que reduce cualquier sentido y valor a la perspectiva subjetiva de las personas, la respuesta es que no. Da lo mismo si el cachalote vive o se extingue, porque no desempeña ninguna función para nosotros. Pero a la mayoría esta respuesta nos incomodaría y defenderíamos intuitivamente que sí sería una pérdida la extinción de los cachalotes. Y seguimos creyéndolo aunque pensemos que nunca llegaremos a ver una de estas ballenas, ni a interaccionar con ella. Lo mismo ocurre con los objetos expuestos en museos. ¿A quién le importa que se queme un museo lleno de trastos viejos? Pues ¡a muchísima gente! En la religión del yo (en la que el significado y el valor proceden de la subjetividad) es difícil, si no imposible, articular un motivo por el cual debería importarnos; pero el hecho de que a mucha gente le importen los cachalotes y los museos indica que la religión del yo y la sabiduría autoproclamada de los *coaches* están equivocadas.

Después de despedir a tu *coach* y decidir que quieres recuperar la idea de que lo importante no eres tú, excepto en lo que respecta a tu relación con otras personas, lo mejor que puedes hacer es ayudar a alguien. No suena difícil, pero ahora intenta hacer algo bueno por alguien sin revelar que has sido tú. Esto ya no es tan fácil, porque no encaja en la mentalidad de *quid pro quo*. Los buenos actos anónimos pueden ayudarte a comprender que lo que determina qué tiene valor no es tu propia experiencia.[6] Hay muchos fenómenos buenos y significativos en el mundo, aunque no te aporten nada personalmente.

6. Sé que la psicología positiva también recomienda lo que en inglés se llama «random kindness», una especie de amabilidad aleatoria y espontánea; pero en ese caso la motivación es sentirse bien, mientras que yo defiendo el valor intrínseco de la buena acción, independientemente de cómo se sienta quien la hace. Hay que actuar bien porque es lo correcto y no solamente porque nos haga sentir bien (aunque, por supuesto, no tiene nada de malo que la buena acción vaya acompañada de una buena sensación).

6

Lee novelas: ni libros de autoayuda, ni biografías

Las biografías siempre encabezan las listas de los libros más vendidos, pero a menudo lo que hacen es celebrar las vidas triviales de famosos y reforzar la idea de que controlamos nuestro destino. Los libros de autoayuda hacen lo mismo y a la larga te dejan de mal humor porque no puedes convertir en realidad sus promesas de felicidad, riqueza y salud. Las novelas, en cambio, ofrecen la oportunidad de comprender que la vida humana es compleja e incontrolable. Lee una al mes, por lo menos.

Cuando hayas despedido a tu *coach* es muy probable que tengas mono de desarrollo personal, porque después de pasar tanto tiempo preocupado por ti mismo, tu potencial y cómo desarrollarlo eficazmente, es difícil concentrarse en lo que nos rodea. Por eso, seguro que te lanzarás a los libros de autoayuda como si fueran parches de nicotina, ya que prometen ayudarte a llevar una vida más sana, feliz y a alcanzar la realización personal. Otra opción muy habitual es leer biografías. Es obvio que nuestro interés por las (auto)biografías es una expresión de la individualización de nuestra sociedad. Además, en mi opinión, la estructura lineal que suelen utilizar las biografías, en las que los acontecimientos ocurren en orden cronológico, tiene un efecto calmante en las personas que viven en esta cultura cada vez más acelera-

Sé tú mismo

da que perciben como desbocada. Tanto los libros de autoayuda como las autobiografías parten del hecho que el yo es lo más importante de la existencia, pero casi nunca se trata de un yo equilibrado en cuanto a integridad y valores morales: de hecho, la mayor parte de las veces es un yo condenado al desarrollo continuo y al cambio constante. Aparte del que tienes entre manos, nunca he visto ningún libro de autoayuda que intente ayudar al lector a ser uno mismo y resistirse al desarrollo personal. Y tampoco es nada frecuente ver una autobiografía titulada «Sin progreso: la historia de mi estabilidad».

El objetivo de este sexto capítulo es eliminar la dependencia de esta literatura del yo que refuerza la idea de que uno puede controlar su vida si se conoce a sí mismo y se desarrolla. El filósofo Charles Taylor ya analizó a principios de la década de los noventa cómo, lo que él llama «ética de la autenticidad» (es decir, que lo importante en la vida es ser uno mismo), puede provocar nuevos tipos de dependencia, ya que las personas que dudan sobre su identidad pasan a depender de todo tipo de guías de autoayuda.[1] Pero ¿qué causa la inseguridad acerca de la propia identidad y el consiguiente riesgo de dependencia de la autoayuda? Pues según Taylor, justamente porque hemos empezado a adorar el yo de un modo que nos aleja de todo lo que nos rodea

---

1. Cita de la pág. 15 de Taylor, C. (1991). *The Ethics of Authenticity*, Harvard University Press, Cambridge (trad. cast. (1994) *La ética de la autenticidad*, Paidós, Barcelona).

(nuestra historia, la naturaleza, la sociedad y todo lo que provenga de fuentes externas); lo que en el capítulo anterior llamé «la religión del yo». Si no consideramos válido lo que procede del exterior, la definición del yo sólo puede basarse en lo que tenemos en el interior. Con suerte, esto no pasa de anécdota, pero en el peor de los casos nos impide entender nuestras obligaciones y qué es lo importante en la vida.

En este sentido los libros de autoayuda son parte del problema y no de la solución, así que deberíamos ignorarlos; pero puesto que leer es positivo, mi recomendación es dedicar el tiempo de lectura a otro tipo de publicaciones: las novelas. Al contrario que los libros de autoayuda y la mayoría de autobiografías, las novelas presentan la vida de un modo más fiel, como algo complejo, aleatorio, caótico y con múltiples facetas.[2] Las novelas nos recuerdan el poco control que tenemos sobre nuestras vidas y, al mismo tiempo, nos enseñan que estamos inextricablemente entrelazados con procesos sociales, culturales e históricos. Aceptarlo te da humildad y puede ayudarte a cumplir con tus obligaciones y a dejar de preocuparte por tu propio yo y tu desarrollo personal.

---

2. Quiero destacar que aquí sólo critico un determinado estilo de biografía. No todas las biografías son lineares y triviales y, personalmente, soy un lector bastante empecinado de (auto)biografías, pero creo que su mayor valor está en no seguir la fórmula típica del género.

Los grandes géneros literarios actuales

Ole Jacob Madsen, psicólogo y sociólogo noruego, hace una valoración crítica de los libros de autoayuda.[3] Su obra analiza los enfoques cognitivos (incluida la PNL), la conciencia plena, la autogestión, la autoestima y el autocontrol y demuestra que estos distintos métodos de autoayuda nos engañan, porque nos convencen de que la meditación o una mejora de la autoestima son la solución a los problemas graves de la sociedad (como la crisis climática o la economía). Madsen considera que la mayor parte de los libros de autoayuda pecan de ilógicos, ya que afirman que cada cual es responsable de su propio destino y debe buscar soluciones individuales a los problemas de la sociedad. Y esta falta de lógica se convierte en paradoja, ya que, por un lado, los libros de autoayuda ensalzan al individuo, su libre albedrío y su autorrealización, mientras que, por el otro, crean personas cada vez más adictas a la autoayuda y a la terapia. Se supone que crean adultos autosuficientes, mientras que en realidad generan adultos infantiloides y dependientes que creen que la verdad está en su interior.

El análisis de Madsen empieza con una cita de la novela satírica de Will Ferguson acerca de la industria de los libros de autoayuda (titulada, simplemente, *Felicidad*). El prota-

---

3. Madsen, O.J. (2014). *Det er innover vi må gå: En kulturpsykologisk studie av selvhjælp*, Universitetsforlaget, Oslo.

Lee novelas: ni libros de autoayuda, ni biografías

gonista es un editor subalterno que se encuentra de repente con el manuscrito de un libro de autoayuda muy curioso, obra de un escritor anónimo. El libro se publica y, al contrario de los demás, resulta ser eficaz. Se convierte en un superventas que resuelve los problemas de la gente y hace que todo el mundo sea rico, exitoso y feliz. Las consecuencias de esta epidemia de felicidad son imprevisibles, por supuesto. Todos los sectores del mercado que viven de las miserias humanas (incluida la mafia) se abalanzan contra la editorial con amenazas y violencia, de modo que el editor se ve obligado a buscar al autor para salvar la vida de ambos. El escritor resulta ser un paciente de cáncer, cínico y deprimido, que sólo había escrito el libro para asegurar el porvenir de su hijo, pero acepta redactar un libro de signo contrario para contrarrestar la epidemia de felicidad destructiva (un segundo libro que tal vez no sería muy distinto del que estás leyendo en este momento).

Esta divertida sátira nos llama la atención sobre un hecho incontestable: ¡los libros de autoayuda no funcionan! Si se editan tantos (con promesas como realización personal, desarrollo y «lograr la mejor versión de nosotros mismos») es, justamente, porque no tienen ningún efecto. O, siguiendo con la metáfora de la dependencia, porque los efectos cada vez desaparecen más deprisa, del mismo modo que un adicto necesita cada vez más droga: en cuanto empiezas a llevar una vida saludable, a comer según tu grupo sanguíneo o a cocinar según los preceptos de la conciencia plena, sale algo nuevo que hay que probar porque suena fantástico. Siempre hay otro libro que comprar, otro concepto que probar, un curso más al que asistir... y así es como la industria de la autoayuda refleja la mentalidad de consumo de la cultura acelerada, en la que los productos (libros incluidos) que prometen ayudar al individuo a encontrarse a sí mismo acaban teniendo el efecto contrario: la mejora constante infinita que hemos visto antes. Y así nos encontramos ante una variante más de la máquina de las paradojas. En general, los libros de autoayuda son para quienes están en continuo movimiento y no echan raíces. Tienes que ser fiel a ti mismo, pero al mismo tiempo cambiar continuamente.

Lo mismo podemos decir del otro gran género literario del momento: las biografías, que encabezan las listas de los libros más vendidos porque los lectores quieren saber cómo personajes famosos han llegado donde han llegado. Y al parecer esto es algo que cada vez ocurre a una edad más temprana, porque los protagonistas de las biografías son cada vez más jóvenes. No hay deportista que se precie que no haya escrito su autobiografía, preferiblemente antes de cumplir los treinta años. Mientras escribo estas líneas, entre los libros más vendidos en Dinamarca está la biografía de Gustav Salinas (*Gustav: Mir sande jeg* [Gustav: mi verdadero yo]), en la que esta estrella de *reality show* de 23 años explica su emocionante vida y todo lo que ha hecho. Debo admitir que no he leído el libro, pero su página de Wikipedia explica que le llegó la fama «en 2008, cuando participó en un programa del canal danés TV2 llamado "El hombre

Lee novelas: ni libros de autoayuda, ni biografías

del día", en el que se hizo popular entre los espectadores gracias a sus agudos comentarios (¡literalmente!) y la ingenuidad e ignorancia sinceras que siempre lo han caracterizado, también en el resto de programas en que ha participado desde entonces». Es de lo más gracioso que esta estrella televisiva (que seguramente está más orientado a los medios de comunicación de masas y a la vida pública que la mayoría de las personas) escriba sobre «su verdadero yo» en el libro. Hasta en la hiperrealidad más posmoderna y kitsch encontramos la ética de la autenticidad y la idea del «verdadero yo».

Los adolescentes de hoy en día leen sobre Gustav, pero los demás tenemos a nuestra disposición autobiografías sobre economistas, miembros de familias reales, presentadores de televisión, estrellas del deporte y actores. Y aunque el tono de estos libros debe ser distinto al de Gustav, la lógica sobre la que se basan es siempre la misma. La vida se presenta como un viaje cuyo protagonista se construye a sí mismo a través de sus decisiones y experiencias individuales («¡Así es como lo conseguí!»). En el capítulo dos comenté un tipo concreto de biografía: los libros de superación personal. Estos libros describen una experiencia especialmente traumática (una crisis, una depresión por estrés, un divorcio) como si fuese un regalo: sólo hay que pensar en positivo para que una situación negativa se convierta en un recurso que sirva para conocerse más y, en última instancia, llevar una vida mejor. Apenas hay autobiografías que describan crisis que no terminan bien; lo más habitual es que se considere que los proble-

Sé tú mismo

mas y las adversidades facilitan el crecimiento y el desarrollo personal. Y es posible que sea cierto, pero después de haber leído este libro sabrás que problemas y adversidades también pueden ser literalmente lo que su nombre indica y que no tienen por qué acabar bien. Más a menudo de lo que parece, lo mejor que se puede hacer es intentar vivir con dignidad, afrontar lo negativo y aceptarlo como tal. Y esto no se aprende en libros de autoayuda ni autobiografías normales y corrientes: Séneca y Marco Aurelio son una inspiración mucho más adecuada.

La novela como tecnología del yo

En cambio, creo que leer novelas ayuda a aceptar las adversidades. Las novelas son un género literario muy amplio, que engloba desde *chicklit* superficial a los clásicos existenciales rusos y, por tanto, hay muchísimas novelas que siguen la misma plantilla lineal que el pensamiento del desarrollo personal. Pero mi idea es que sirven para mostrar la vida y el yo de todas las maneras posibles. La visión actual de la vida como un proyecto autobiográfico está indudablemente ligada a la emergencia de la novela moderna como forma literaria.[4] La novela (uno de cuyos primeros ejemplos es *Don*

4. Véase Nielsen, T. H. (2003). «En uendelig række af spejle - litteraturen og det meningsfulde liv», en Eriksen, C. (red.) *Det meningsfulde liv*, Aarhus Universitetsforlag.

Quijote, que Cervantes escribió en 1606) retrata la experiencia del mundo que tiene un personaje concreto y cómo lo ve desde su propia perspectiva. La literatura anterior (por ejemplo, los textos canónicos, canciones e historias medievales) retrataba «a todo el mundo» centrándose en situaciones generales que representaban una experiencia universal. La novela creció en paralelo a los primeros pinitos de la individualización (de la que fue un producto, pero a la que al mismo tiempo contribuyó) y enseñó al público lector que hay que entender el mundo desde una perspectiva subjetiva en primera persona.

Pero el género se fue desarrollando y el teórico de la literatura ruso Mijaíl Bajtín se hizo famoso por destacar el carácter polifónico de la novela: en otras palabras, que el novelista no está limitado a hablar con una sola voz, sino que es capaz de usar múltiples voces y hasta voces opuestas. Sin embargo, en última instancia, mundo sólo hay uno, aunque los distintos personajes lo interpreten de diferentes maneras. En los últimos años han aparecido nuevas formas de novela que el escritor noruego Jan Kjærstad califica de «novelas politeístas.»[5] Kjærstad nombra a Haruki Murakami, autor japonés muy vendido y candidato al premio Nobel, como ejemplo de autor que ha contribuido al desarrollo de la novela politeísta. Se trata de ficción en la que se encuentran varios dioses (o visiones del mundo) y en la

---

5. Véase su artículo «Når virkeligheden skifter form» en *Information,* 30 de septiembre de 2011.

que no existe un sólo mundo sobre el cual convergen las distintas perspectivas, sino multitud de diferentes mundos a los que se mete y saca al lector. En el caso de Murakami, el elemento politeísta es evidente en muchas obras, pero quizás el ejemplo más claro es su reciente título *1Q84*, en el que aparece «gente pequeña» de otras realidades. La realidad cambia de forma en la obra de este autor que quizás podríamos calificar de realista mágico, aunque de un modo distinto, más melancólico, que el de los pioneros latinoamericanos del género, como Gabriel García Márquez y Jorge Luis Borges.

Así pues, la novela ha pasado de reflejar una perspectiva única del mundo a dar muchas perspectivas del mundo y, en última instancia, muchas perspectivas de muchos mundos. Como dice Kjærstad, leer sobre los múltiples mundos de Murakami nos puede hacer dudar del suelo por el que caminamos. Pero si dudas (y recuerdas lo que hablamos en el capítulo tres), quizás es porque nuestro mundo necesita desesperadamente más personas que duden. Necesitamos una ética de la duda, algo que es fácil de decir, pero difícil de practicar, y probablemente la novela puede dar lugar a esta ética más fácilmente que la filosofía o los libros de autoayuda. Estoy convencido de que si leyéramos Charles Dickens, Vladimir Nabokov y Cormac McCarthy (algunos de mis favoritos), seríamos mejores personas que leyendo el libro de orientación de Sofia Manning o los libros sobre psicología positiva de Sarah Zobel Kølpin. Admito que esto es comparar cosas muy distintas, pero tienen en común que todos ex-

Lee novelas: ni libros de autoayuda, ni biografías

ploran qué significa ser humano y qué es lo importante en la vida. Me pregunto qué ocurriría con la percepción cultural de nosotros mismos si cambiásemos la adoración monoteísta del yo y su desarrollo, de Anthony Robbins, por el politeísmo de Murakami.

A medida que las novelas cambiaban, a lo largo de los siglos, también fueron cambiando las personas que las leían. Para usar el término de Michel Foucault, la novela es una especie de tecnología del yo. Con este famoso concepto, Foucault quería indicar que el yo siempre está entrelazado con las tecnologías que dan forma a la subjetividad e influyen en ella. La tecnología del yo es un término que engloba todas las herramientas con que las personas se relacionan consigo mismo y crean, recrean y se cultivan a sí mismos como sujetos (es decir, individuos que actúan) de distintos modos.[6] Foucault examina varios momentos de la historia y tecnologías del yo características, como cartas de los estoicos, confesiones autobiográficas, estudios, ascetismo e interpretación de los sueños. Podría parecer que las tecnologías del yo son el equivalente del concepto de desarrollo personal para Foucault y, en cierto sentido, así es. Pero la diferencia principal es que mientras los defensores del desarrollo personal suelen postular la existencia de un yo interior que hay que descubrir y realizar, Foucault pensaba que

6. Véase su obra póstuma *Technologies of the Self*, Tavistock, Londres, 1988 (trad. cast. (2008) *Tecnologías del yo y otros textos afines*, Paidós, Barcelona).

Sé tú mismo

esto era una ilusión y que el yo es algo que se crea del mismo modo que un artista crea una obra de arte: algo que no existe si no se crea y que no se crea a sí mismo. Otra diferencia es que el concepto de la tecnología del yo está muy relacionado con cierta idea de la ética. El concepto de la ética tiene un papel muy importante en la obra tardía de Foucault, ya que representa la relación del yo consigo mismo. Por tanto, la ética no es una disciplina filosófica abstracta, sino que hay que comprenderla en relación a la educación práctica del sujeto.[7] Ser alguien, ser un sujeto, no sólo consiste en descubrir y desarrollar propiedades del yo ya existentes, sino también reflexionar sobre la dimensión ética asociada al hecho de ser humanos. Además, la ética desempeña un papel especialmente significativo en un mundo politeísta, donde el objetivo no puede ser la búsqueda de la verdad por sí misma, sino vivir conforme a la verdad (véase Hannah Arendt, a quien ya he citado antes). La premisa de esta sección es que las novelas ayudan a entenderlo mejor.

Literatura sin ilusiones

Es posible que te estés preguntando qué deberías leer. No es fácil saberlo y depende mucho de las circunstancias con-

---

7. Véase «On the Genealogy of Ethics: An Overview of Work in Progress», incluido en Rabinow, P. (red.) (1984). *The Foucault Reader*, Penguin, Londres.

Lee novelas: ni libros de autoayuda, ni biografías

cretas de cada persona. Aparte de lo obvio (que vale la pena conocer la literatura canónica de Homero, Dante y Shakespeare y a muchos novelistas contemporáneos), lo único que puedo decir es lo que me ha servido a mí. Todo puede aportar algo, desde el Pato Donald a Cervantes, así que espero que mis favoritos no suenen demasiado elitistas. Ya he mencionado a Murakami, del cual soy un lector fiel y cuyas detalladas descripciones de todo (de sueños a escenas de cocina) pueden llevarme a un estado meditativo que en mi opinión puede competir con cualquier práctica de conciencia plena. Además, comentaré brevemente dos autores contemporáneos más que tienen mucha importancia para mí.

El primero es el francés Michel Houellebecq, a quien considero un observador atento de la cultura acelerada. Es famoso, notorio y controvertido. Hay quien lo considera un escritor genial en la tradición positivista francesa, que se remonta a nombres como Zola, mientras que otros lo consideran un charlatán sensacionalista. No voy a ser yo quien decida quién tiene razón, tal vez la tienen ambos. En todo caso, sus libros intentan demostrar que nuestra vida y nuestro yo son el resultado de procesos sociales e históricos demasiado amplios para que un individuo pueda influir en ellos. Sus libros también muestran (a menudo, a través de la sátira y el humor) los males de estos procesos históricos y sociales y, aunque he oído a mucha gente decir que leer a Houellebecq los deja un poco abatidos, para mí tiene el efecto opuesto: el hecho de que no se haga ilusio-

127

nes sobre nuestra época y sus problemas me parece muy edificante.

Es difícil determinar si los libros de Houellebecq son pura ficción o tienen elementos autobiográficos significativos,[8] ya que juegan constantemente con las contradicciones entre hechos (biográficos) y ficción, así como entre arte y ciencia. A menudo el protagonista recuerda al propio escritor y en la mayoría de sus libros hasta se llama Michel. En una de sus obras más conocidas, *Las partículas elementales*, el protagonista es criado por su abuela después de que lo abandonen sus padres, obsesionados con el desarrollo personal: «Los fastidiosos cuidados que reclama un niño pronto les parecieron a la pareja poco compatibles con su ideal de libertad personal»,[9] explica Houellebecq, y esto también es lo que le ocurrió al propio autor.

El tema recurrente en su obra es la mercantilización absoluta de las relaciones humanas en la sociedad de consumo, cada vez más acelerada. Casi todas las relaciones que describen sus novelas se caracterizan por un intercambio de servicios en el cual la experiencia individual es el bien

---

8. Las lecturas de Houellebecq están inspiradas en un análisis anterior incluido en mi libro *Identitet: Udfordringer i forbrugersamfundet*, Klim, Århus, 2008.

9. Houellebecq, M., (2001). *Elementarpartikler*, Borgen, Copenhaguen, pág. 29. (trad. cast. (1999). *Las partículas elementales*, Anagrama, Barcelona).

más preciado, la vara de medir de todo lo demás. El amor suele describirse en términos puramente sexuales y la religión se convierte en filosofías *New Age*, superficiales y có(s) micas, un producto cualquiera en un mercado de nuevas experiencias. *Las partículas elementales* sigue las vidas de Michel y Bruno (dos hermanastros que encarnan, respectivamente, la sobriedad y el sentimiento, la moderación y el exceso) y analiza la actual sociedad del consumo o «la sociedad erótico-publicitaria», como la llama Michel, en la que el deseo se regula mediante el consumo y se hace una montaña de un grano de arena. «Para que la sociedad funcione, para que continúe la competencia, el deseo tiene que crecer, extenderse y devorar la vida de los hombres», afirma. Las personas son «partículas elementales» en una sociedad sin normas que evalúa todos los valores según la experiencia y el placer, y los individuos aceptan con inquietud los discursos imperantes, algo que vemos en el fragmento siguiente, en el que Michel, el científico, analiza la vida de su hermanastro:

¿Se podía considerar a Bruno como un individuo? La putrefacción de sus órganos era cosa suya, iba a conocer la decadencia física y la muerte a título personal. Por otra parte, su visión hedonista de la vida, los campos de fuerza que estructuraban su conciencia y sus deseos pertenecían al conjunto de su generación. Al igual que la instalación de una preparación experimental y la elección de uno o más factores observables permiten asignar a un sistema atómico un comportamiento determinado —ya sea corpuscular, ya sea ondulatorio—, Bruno podía aparecer como individuo, pero desde otro punto de vista sólo era el elemento pasivo del desarrollo de un movimiento histórico. Sus motivaciones, sus valores, sus deseos: nada de eso lo distinguía, por poco que fuese, de sus contemporáneos.[10]

Como Bruno, todos nos sentimos únicos, con sueños y ambiciones individuales, pero según Michel eso sólo es un reflejo de un movimiento histórico.

Esta perspectiva sociológica es la de Houellebecq, pero también la de algunos de sus protagonistas, ya que examinan su propia situación y la de los demás desde una perspectiva externa, analista y sociologizadora. A menudo los personajes tienen una perspectiva calculadora en la que las relaciones humanas se convierten en algo instrumental en relación a cuánto placer físico puede aportar una relación. A continuación incluyo un pasaje característico que ilustra la mirada objetivadora de los personajes sobre sí mismos y los demás. Michel, biólogo investigador de éxito, ha decidido dejar su puesto a edad temprana y se despide de su sustituta, que queda a cargo de las investigaciones:

---

10. Houellebecq, M., (2001). *Elementarpartikler*, Borgen, Copenhaguen, pág. 12. (trad. cast. (1999). *Las partículas elementales*, Anagrama, Barcelona).

Delante de su Toyota le tendió la mano a la investigadora, sonriendo (hacía unos segundos que preveía hacer ese gesto, acompañar el apretón de una sonrisa y se preparaba mentalmente). Las palmas se unieron, sacudiéndose con suavidad. Pensó, un poco tarde, que a ese apretón le faltaba calidez; teniendo en cuenta las circunstancias podrían haberse besado, como hacen los ministros o algunos cantantes.[11]

Houellebecq interpreta el desarrollo social como algo vinculado a una democratización de la ideología de los hippies, la revolución cultural y el *New Age*: el movimiento hacia el interior acaba con decepción y vacío, porque nos damos cuenta de que ahí dentro no hay nadie. Por eso hay que buscar la intensidad de la vida en otras partes, lo cual en la ideología del desarrollo personal culmina en excesos sexuales: «La liberación sexual tenía el objetivo de destruir el último intermediario, lo último que separaba al individuo del mercado». Las novelas de Houellebecq nos enseñan que la búsqueda de la realización personal es, en el fondo, un reflejo de la sociedad capitalista, en la que hasta las relaciones más íntimas pueden mercantilizarse e instrumentalizarse. La existencia acaba consistiendo en experimentar lo máximo posible sin encontrar estándares externos sobre los que

11. Houellebecq, M., (2001). *Elementarpartikler*, Borgen, Copenhague, pág. 203. (trad. cast. (1999). *Las partículas elementales*, Anagrama, Barcelona).

mantenernos y, por tanto, «la destrucción gradual de los valores morales en las décadas de los sesenta, setenta y noventa [es] un proceso lógico e inevitable».[12]

Las descripciones distópicas de aspectos clave de la vida humana y la (disolución de) la identidad en la sociedad de consumo posmoderna que encontramos en las novelas de Houellebecq son precisas y exageradas al mismo tiempo. En este sentido, sus libros pueden considerarse un tipo de sociología literaria que analiza tendencias en la cultura en aceleración y sus consecuencias humanas. Se centran en la superficie (a menudo, la del cuerpo humano), y Houellebecq se revela como un escritor antipsicológico radical. En parte esto descarta que la psicología (que se mide con la misma vara de medir que la religión *New Age*) pueda explicar nada científicamente y, por otra parte, las personas no tienen ninguna vida interior ni yo interior que deba realizarse (aunque mucha gente se imagine que sí existen). Por eso el yo se diluye en el cuerpo, por un lado, y en la sociedad, por el otro.

Algo parecido ocurre con el escritor noruego Karl Ove Knausgård, que en los últimos años ha recibido muchos elogios por su enorme obra de ficción autobiográfica *Mi lucha*. A lo largo de varios miles de páginas que prácticamente hipnotizan al lector, Knausgård nos recuerda los fascinantes detalles de la vida cotidiana. No es tan crítico ni tan satírico

---

12. Mi artículo «Literature as qualitative inquiry: The novelist as researcher» en *Qualitative Inquiry*, n.º 15, págs. 1376-1394 de 2009 incluye una detallada argumentación sobre este punto.

Lee novelas: ni libros de autoayuda, ni biografías

como Houellebecq, pero escribe con la misma ausencia de ilusiones y sus libros están todavía más entretejidos con su propia vida. Pero ¿podemos decir que la gran obra de Knausgård es una autobiografía? No, tiene tan poco de autobiografía como este libro tiene de obra de autoayuda. O podríamos decir que por virtud de su monstruosidad logra deconstruir la autobiografía como género. Una autobiografía relata las grandes decisiones y acontecimientos que el escritor ha creado o que le han servido para convertirse en lo que es. Knausgård, en cambio, nos habla de situaciones triviales, como, por ejemplo, de llevar a los hijos a una guardería sueca políticamente correcta o de los problemas derivados de su escasa experiencia sexual. Y no son cosas que mencione de pasada: son pilares de su libro, que no es tanto un autorretrato como una reflexión literaria acerca de la vida humana y nuestras relaciones con los demás, con la familia y la naturaleza. Es posible que ni los libros de Houellebecq ni los de Knausgård sean objetivamente correctos (además, ambos han tenido que defenderse ante tribunales, ya que hablan de lugares y personas reales), pero en un sentido más profundo, creo que sus libros ofrecen descripciones auténticas de nuestras vidas, justamente debido a su falta de ilusiones y al hecho de que se centran en los aspectos negativos de la vida. Esto no nos da una VERDAD en mayúsculas (algo que, de todas formas, probablemente sólo existe para las personas religiosas), pero sí nos ofrece descripciones certeras de algunos aspectos de la vida en la cultura acelerada. Y esto demuestra que la literatura negativa y cruda no tiene por qué ser deprimente y descorazonadora, sino que puede ser edificante, ya que hace hincapié en la importancia de todo lo que hay fuera del yo.

¿Qué puedo hacer yo?

Lee al menos una novela al mes: es un objetivo que podemos alcanzar la mayoría de nosotros. Ya he dado algunas recomendaciones y he intentado explicar por qué vale la pena leer autores como Murakami, Houellebecq y Knausgård, que buscan una concepción del yo radicalmente distinta de la que nos ofrecen los libros de autoayuda y las biografías. Lo que leemos nos afecta. Quien lee biografías y libros de autoayuda recibirá ideas que sitúan el yo en el centro de la existencia, así como historias optimistas de desarrollo positivo en las que sentirse reflejado. En cambio, quien lee novelas obtendrá una visión del mundo más compleja, incluso politeísta. No sé qué ocurriría si en lugar de recurrir a libros de autoayuda, interpretáramos nuestras vidas a partir de las obras de estos autores, pero creo que nos haríamos una idea más clara del mundo en el que vivimos, porque nos aportan perspectivas polifónicas (Murakami) sobre procesos históricos y sociales (Houellebecq) sin pasar por alto ningún detalle de la vida cotidiana (Knausgård).

¿Cómo nos enseñan las novelas a ser nosotros mismos? Ayudándonos a encontrar un significado o un horizonte vital externo. Al menos, ésta es la premisa del libro *All Things*

Shining: Reading the Western Classics to Find Meaning in a Secular Age, de los influyentes filósofos americanos Hubert Dreyfus y Sean Kelly que, tal y como ya sugiere el subtítulo, proponen leer los clásicos occidentales para encontrar significado en una época secular, es decir, en un mundo sin Dios.[13] Dreyfus y Kelly repasan escritores como David Foster Wallace, Homero, Dante y Herman Melville para animar al lector a abrirse al mundo y a lo que puede ofrecer, una habilidad que creen que el ser humano moderno ha perdido. Afirman que se nos da bien la introspección y que nos preocupan nuestras experiencias internas, pero que no sabemos comprender el mundo en el que vivimos. Según estos dos filósofos, aquí es donde pueden ayudar los clásicos. Al igual que Kjærstad, defienden una perspectiva politeísta como la que encontramos en Melville y la ballena blanca (Moby Dick), un elemento cargado de simbolismo, también como dios politeísta (suena un poco místico, pero al leer la novela o a Dreyfus y Kelly, todo queda claro). Al contrario que la distinción entre las apariencias externas y la esencia interna que hace la filosofía monoteísta y que encontramos en la religión del yo (así como la distinción entre el yo nuclear interno y auténtico y la máscara exterior), en este politeísmo no hay ninguna realidad auténtica detrás de la apariencia. Esto podría ser una noción importante en una

13. Dreyfus, H y S.D. Kelly (2011). *All Things Shining: Reading the Western Classics to Find Meaning in a Secular Age*, Free Press, Nueva York. El libro fue publicado por Penguin en 2001.

Sé tú mismo

cultura como la nuestra, que practica el desarrollo personal y recuerda a Oscar Wilde, quien afirmó que sólo las personas superficiales no juzgan según las apariencias: el misterio del mundo está en lo visible, no en lo invisible, escribió. A menudo se dice que nuestra cultura es superficial y se centra sólo en el exterior, pero si creemos a los filósofos y a Wilde, el problema que tenemos es el inverso: no somos suficientemente superficiales y, sin embargo, creemos que la realidad está oculta. Pero debajo de la superficie, en el interior, no hay nada, la autenticidad no está ahí. A estas alturas, después de seis de los siete pasos de este libro, ya debería haber quedado claro.

Aparte de las novelas, también deberías leer a algunos clásicos filosóficos con valor literario. Una guía extraordinaria es *The Consolations of Philosophy*, de Alain de Botton, que explica, entre otras cosas, cómo leer Sócrates (en Platón) si uno se siente impopular, Epicuro si nos falta dinero, Séneca en caso de frustración, Montaigne si el problema es que te sientes (sexualmente) incompetente, Schopenhauer para los problemas de corazón y, finalmente, Nietzsche para afrontar desafíos existenciales (algo que nos pasa a todos).[14] Ofrece un cierto consuelo saber que estos filósofos antiguos y tan sabios tuvieron los mismos problemas que tiene la gente hoy en día, y es muy tranquilizador estar aquí, en el siglo XXI, y conversar con interlocutores de centenares y miles de años de antigüedad. Esta experiencia por sí sola ya de-

14. http://www.ankerhus.dk/teori_u.html

Lee novelas: ni libros de autoayuda, ni biografías

bería servirte para poder sentirte tú mismo en esta cultura en aceleración que te exige todo lo que eres capaz de dar. ¿Aceptaría Sócrates la comunicación no violenta? ¿Quedaría Schopenhauer fascinado por la psicología positiva? ¿Querría Epicuro realizar todo su potencial? ¿Se buscaría Nietzsche un *coach*? Qué va. A lo mejor podemos aprender de ellos...

7
VIVE EN EL PASADO

Si crees que las cosas van mal, piensa que siempre pueden ir a peor. Y que seguramente eso sea lo que ocurra. El pasado, en cambio, tiene tendencia a volverse cada vez más luminoso a medida que nos alejamos de él. Cuando alguien presenta planes de innovación y «visiones» sobre el futuro, di que todo tiempo pasado fue mejor. Explica que la idea de progreso sólo tiene un par de siglos y que en el fondo es una idea muy destructiva. Repítetelo. Inspírate en modelos que hayan echado raíces. Insiste en tu derecho a no moverte.

La cultura acelerada está totalmente centrada en el ahora y el futuro, pero en cambio no siente mucho interés por el pasado. Tenemos técnicas *New Age* y psicológicas como la meditación y la conciencia plena que nos ayudan a estar más en el momento. En el ámbito del desarrollo de la gestión y organización empresarial, tenemos el concepto de «presencing», acuñado por Otto Scharmer (el de la teoría de la U), que destaca la importancia de prestar atención a lo que está ocurriendo ahora mismo. Pero el objetivo de esta atención es mejorar nuestra eficiencia en un posible futuro: la idea es estar en el ahora para obtener éxito en el futuro. La consultoría empresarial Ankerhus, que trajo las ideas de Scharmer a Dinamarca, incluye en su sitio web este texto sobre la Teoría U:

Sé tú mismo

No podemos resolver los problemas fundamentales de nuestra época con soluciones que pertenecen al pasado. No podemos crear soluciones nuevas e innovadoras para los problemas organizativos y sociales repitiendo los patrones del pasado. Hace falta algo nuevo para que podamos entrar (colectiva e individualmente) en un campo en el cual podemos experimentar nuestro auténtico yo y aprender a identificar qué nos ancla en patrones de pensamiento y actuación obsoletos. Esta nueva tecnología social es lo que Scharmer llama «presencing».

A lo largo del viaje por la U aprenderemos a afrontar el futuro con buena disposición de mente, corazón y voluntad, para alcanzar nuestro máximo potencial en el futuro.[1]

La teoría U es, en esencia, el concepto de la conciencia plena (*mindfulness*) adaptado a la innovación en organizaciones. Parte del mensaje es que mirar al pasado sólo nos sirve para encontrar patrones obsoletos que hoy en día no funcionan, mientras que estar en el momento es la manera de experimentar nuestro «auténtico yo» (que como ahora ya sabes, es un mito) y realizar todo nuestro potencial en el futuro. El pasado no está de moda: ahora lo que se lleva es el ahora y es la clave para optimizar el futuro.

Con un poco de descaro, podríamos preguntar a los defensores de esta visión quién está más presente en el ahora.

1. Véase http://www.ankerhus.dk/teori_u.html.

Vive en el pasado

La respuesta, por supuesto, es que quien está más presente en el ahora son los animales, ya que no cargan con la capacidad cognitiva de recordar acontecimientos pasados ni transmiten los conocimientos adquiridos de una generación a otra. Los animales no humanos (y también los bebés, por ejemplo) viven en el momento y lo que distingue a la humanidad es justamente nuestra capacidad de superar la conexión con el ahora y recurrir al pasado de un modo único. ¿Por qué ha quedado obsoleto mirar al pasado? Bueno, si el análisis de este libro es válido, este fenómeno está relacionado con la cultura acelerada que, por definición, está orientada al futuro y se dedica a crear continuamente nuevas ideas. Hasta hay empresas, instituciones y consultorías especializadas en «estudios del futuro» con la idea de que es crucial detectar tendencias para prepararse para lo que está por venir y ayudar a dar forma al futuro. De hecho, los futuristas están más interesados en crear el futuro que en investigarlo, ya que venden a sus clientes ideas y conceptos (acerca de la sociedad ideal, la sociedad del ocio, la sociedad emocional u otros nombres que se le vienen dando), y sus clientes se adaptan a lo que les han dicho que va a ocurrir. Y a continuación esta predicción se convierte en realidad justamente porque se han preparado para ella.

Nos encontramos ante otra paradoja: el modo en que nos preparamos para el futuro da forma al futuro, como un reflejo del modo en que nos preparamos para él. Si todos pensamos que vamos hacia un mundo cada vez más competitivo (porque es lo que nos ha dicho Ove Kaj Pedersen),[2] y que tenemos que enfrentarnos a los chinos en un mercado global, acabaremos viviendo en un mundo competitivo. Si los políticos adoptan las palabras de Margaret Thatcher y dicen que no hay alternativa al *status quo* actual (la famosa doctrina TINA de Thatcher: *There Is No Alternative*, «No hay alternativa») y todos nos lo creemos, se convertirá en verdad. Un antiguo teorema sociológico llamado teorema de Thomas afirma que «Si definimos algo como real, tiene consecuencias reales». Así es como funcionan los estudios del futuro (y toda nuestra obsesión colectiva por el futuro): definir una tendencia específica como la auténtica significa que tendrá consecuencias reales para (y en) el futuro.

Este tipo de pensamiento es lo que llevó al filósofo Simon Critchley (de quien ya he hablado en este libro) a la conclusión de que nuestra manía de pensar en el futuro y la obsesión con el progreso son muy perjudiciales: «Deberíamos desechar sistemáticamente esta ideología y abandonar el culto al futuro. La idea de progreso sólo existe desde hace un par de siglos, y es una idea malísima. Cuanto antes nos desembaracemos de ella, mejor».[3] Deberíamos reemplazar la idea del progreso con repetición y aprender a vivir en el

---

2. Por ejemplo, en Pedersen, O. K. (2010). *Konkurrencestaten*, Hans Reitzels Forlag, Copehague, que pretende ser un análisis descriptivo de la sociedad del desarrollo pero que también se ha utilizado como base para el desarrollo de políticas educativas.
3. Cita (traducida por mí) de Critchley, S. (2010). *How to Stop Living and Start Worrying*, Polity Press, Cambridge, pág. 118.

Vive en el pasado

pasado. Cosa que, de hecho, es muy humana y refleja una actitud madura hacia la vida. Pero eso no es nada fácil. Niños, adolescentes y animales miran hacia el futuro (lógico, por otro lado) y la memoria humana tiene más tendencia a mirar hacia delante que a hacer retrospección. La memoria ofrece una base sobre la que actuar en situaciones nuevas y desconocidas, pero no es una herramienta para recuperar el pasado sin más.[4] Pero tenemos que aprender a hacerlo, porque rememorar también es algo característico del humano adulto. Recurrimos al pasado y a nuestra experiencia para saber cómo vivir (algo que comentaré con más detalle luego) y también para saber cómo desarrollar nuestra cultura. Tal y como afirma Critchley en su libro: «Debemos sustituir el progreso por la repetición. El Renacimiento, por ejemplo, significa literalmente "volver a nacer", ya que se redescubrieron la filosofía, el humanismo, el arte y la ciencia de los griegos y Shakespeare reutilizó continuamente a Ovidio e incorporó discursos del senado romano sin llamarse a sí mismo innovador». Sólo hemos empezado a pensar que la orientación hacia el futuro tiene un valor intrínseco en los últimos siglos. En realidad, muchas cosas eran mejores en el pasado.

Hemos creado una cultura que diseña planes y organiza talleres sobre el futuro y eso es lo que nos hace olvidar las

---

4. Véase por ejemplo el popular libro divulgativo acerca de la memoria Raab, T. T. y Madsen, P. L. (2013). *En bog om hukommelsen*, FADL's forlag, Copenhague, que defiende esta perspectiva.

ideas y las hazañas del pasado. Conceptos como innovación y creatividad están presentes en todo tipo de cursos de organización y pedagogía en los que la repetición y el método de ensayo-error no tienen ningún valor. Nos dicen continuamente que «abramos la mente». Por suerte, hay investigadores de creatividad más sobrios que han señalado que sólo tiene sentido ser abierto de mente si eres consciente de que existen las mentes cerradas (y de cómo son). En la mayoría de los casos, más vale mantener el equilibrio con pequeñas variaciones e improvisaciones de temas conocidos y de eficacia probada.[5] Lo nuevo sólo tiene sentido en el marco de lo conocido: si no sabes nada acerca del pasado y sus tradiciones, es imposible crear nada nuevo que sea útil.

El significado personal del pasado

Si consideramos estos temas en relación con nuestras propias vidas, vemos todavía más motivo para centrarnos menos en el futuro y aprender a vivir más en el pasado.

Aprender a vivir en el pasado (y hacerlo) es indispensable para mantener una identidad relativamente estable y, por tanto, para la moralidad en nuestras relaciones con otras personas. Si queremos vivir moralmente, es crucial que reflexionemos sobre nuestro propio pasado. Mark Twain dijo

5. En Dinamarca, la mejor mediadora de estas perspectivas es mi colega, la catedrática Lene Tanggaard.

Vive en el pasado

que tener la conciencia tranquila es señal de mala memoria. Reconocer nuestros errores del pasado (y pensar en ellos, pero sin dejar que nos atormenten ni nos resulten dolorosos) nos ayuda a actuar correctamente. Además de las enseñanzas morales que podemos encontrar en la historia, para podernos comprender a nosotros mismos también es importante pensar en nuestras vidas como algo que se extiende hacia el pasado: ahí es donde están las raíces de nuestra identidad. En la novela *Todos los hermosos caballos*, Cormac McCarthy escribe que las cicatrices del cuerpo tienen la capacidad de recordarnos que nuestro pasado es real. Es típico comparar y examinar cicatrices entre amigos y parejas, porque ofrecen pruebas físicas claras de acontecimientos pasados, y establecen un vínculo entre entonces y ahora. Quizás deberíamos introducir en distintas organizaciones talleres para comparar cicatrices y aprender a vivir en el pasado, en lugar de formular visiones de futuro.

Vivir en el pasado podría ser el paso más importante para alcanzar el objetivo de este libro, de ayudarte a ser tú mismo. Conocer el pasado es indispensable para ello, porque sin pasado, carecemos de la base necesaria. En los últimos años, varios filósofos (incluido Charles Taylor, a quien ya he mencionado) han postulado que centrarse en el ahora sólo es posible si tenemos un pasado con el cual nos sintamos vinculados. Si tenemos que responder a preguntas como «¿quién eres?» y «¿qué quieres?» (preguntas que en la cultura del desarrollo y la terapia se nos anima a plantearnos continuamente), es mejor ofrecer una respuesta que articule nuestras vidas y nuestros actos en una perspectiva biográfica más amplia, en lugar de detenernos y explorar lo que sentimos en el ahora, como quien saca una instantánea. Para saber quiénes somos debemos comprender de dónde venimos. En una de sus obras más importantes, el francés Paul Ricoeur también intentó demostrar que las personas sólo pueden ser morales si se sienten vinculadas al conjunto de sus vidas, o en todo caso a un hilo que retroceda en el tiempo y pueda entenderse como historia, como una narrativa coherente en sí misma. Ricoeur hace una pregunta retórica: «¿Cómo puede un sujeto activo dar un carácter ético al conjunto de su vida si su vida no forma ningún conjunto? Y ¿de qué otro modo podría ocurrir, excepto en forma de narrativa?».[6]

¿Por qué es indispensable que la vida sea un conjunto coherente para la moral o la ética (que en este sentido son sinónimos)? Según Ricoeur, porque si los demás no pueden confiar en que yo mañana sea la misma persona que hoy y que ayer, no tienen ningún motivo para fiarse de mí y pensar que haré lo que prometo y, en general, que cumpliré con mis obligaciones. Y si no conozco mi pasado, si no intento establecer un vínculo entre ayer, hoy y mañana, los demás no tienen por qué confiar en mí. Si no tengo lo que Ricoeur llama «autoconstancia», no puedo confiar en mí, ni los demás tampoco. La autoconstancia, la integridad personal o la

6. Ricoeur, Paul, (1992). *Oneself as Another*, University of Chicago Press, pág. 158.

Vive en el pasado

identidad son un requisito básico de la confianza entre personas y, por tanto, de la vida ética. Sólo podemos comprometernos porque entendemos que somos la misma persona a lo largo del tiempo, porque tenemos una misma identidad más o menos coherente. Y para tenerla necesitamos considerar nuestra vida una unidad narrativa, una historia que va del nacimiento a la muerte. Eso significa que tenemos que intentar alcanzar una autoconstancia que remita al pasado y no un desarrollo personal que apunte al futuro. Muchos de nosotros conocemos gente que de repente «se encuentra a sí misma» y rompe vínculos con amigos y familia para autorrealizarse en un nuevo contexto en la otra punta del mundo. Hacer un cambio radical de vida es perfectamente lícito, por supuesto (por ejemplo, para liberarse de una situación de violencia doméstica), pero si el motivo principal es la realización personal, puede ser cuestionable desde el punto de vista moral. Si el yo se encuentra en las relaciones vinculantes con otras personas y los temas morales importantes que las caracterizan (es decir, que no es algo interno que tenga que realizarse), la verdadera autorrealización sólo podrá ocurrir mediante un mandato ético hacia los demás.

Quizás el argumento puede pulirse todavía más, hasta el punto de que sólo las personas con autoconstancia pueden sentir culpa y, por tanto, actuar con moralidad (lo cual nos remite de nuevo a la frase de Mark Twain sobre la buena conciencia como señal de mala memoria). Existe una relación intrínseca entre la sensación de culpa y el concepto de promesa: ambos son fenómenos antropológicos fundamen-

Sé tú mismo

tales. Si no tuviésemos la capacidad de hacer promesas no podrían existir matrimonios ni otras relaciones duraderas basadas en la fidelidad (y quizás «hasta que la muerte nos separe»). Tampoco serían posibles los acuerdos o contratos sobre mercancías o propiedad («prometo que te pagaré mañana»), ni podríamos funcionar en nuestro día a día, ya que nuestros actos se basan en promesas continuas («ya lavaré yo los platos»), grandes y pequeñas, explícitas e implícitas. Ninguna comunidad o sociedad humana podría seguir existiendo sin nuestra capacidad fundamental de hacer promesas y cumplirlas. Hacer una promesa significa asumir que se te considerará responsable de asegurarte de que lo que prometemos se hará realmente. Y si eso no ocurre, la sensación que nos lo recuerda es la culpabilidad. La culpa es la respuesta psicológica a las promesas incumplidas y requiere recordar los pecados del pasado. Si no conocemos nuestro pasado, no podemos sentir culpa ni actuar moralmente.

Estamos llegando a un punto crucial y, quizás por eso, algo difícil de entender. Estamos acostumbrados a pensar que quién somos depende de nuestro yo interior o de un conjunto de rasgos de personalidad, pero si mi razonamiento es correcto, quién somos depende más de nuestras promesas y obligaciones para con los demás. Por eso, cumplir con nuestras obligaciones no es simplemente una obligación enojosa, sino una expresión de lo que importa en la vida y de quién somos. En este sentido, vivir en el pasado es imprescindible. Pero al mismo tiempo es un proceso difuso. Nuestro pasado (tanto el pasado personal como el cultural) no es una historia fija y terminada a la que echar mano como si nada: estamos enmarañados en relaciones que no siempre podemos entender. Sin embargo, es esencial (sobre todo desde el punto de vista moral) intentar vincular el pasado, el presente y el futuro, y que no podemos contentarnos con estar «totalmente centrados en el ahora». Este también es el motivo por el cual una (auto)biografía es un mal reflejo de la vida de una persona. Como vimos en el paso anterior, es un género demasiado lineal e individualista para representar la vida real en toda su complejidad. Vivir en el pasado te puede ayudar a reconocer la complejidad de tu vida y hasta qué punto estamos entretejidos en los procesos sociales e históricos.

¿Qué puedo hacer yo?

Si ya te has convencido del valor de vivir en el pasado, puedes hacer dos cosas. La primera es buscar comunidades determinadas por el pasado que ya existan. Puede ser difícil marcar la diferencia como individuo que va a contracorriente: por eso es ventajoso buscar gente que comparta nuestras opiniones. Pero si no los encuentras, no hay otro remedio que hacerlo uno mismo. Más adelante volveremos a este punto.

Del mismo modo que una persona sólo puede entenderse a sí misma conociendo su propio pasado (y cómo este pasado se entreteje con multitud de relaciones y obligacio-

Sé tú mismo

nes), una comunidad sólo es lo que es porque conoce su pasado (o porque sus miembros conocen su pasado). Esto no significa que para que una familia o empresa pueda considerarse tal, deba reinar absoluta unanimidad entre sus miembros acerca de qué caracteriza la comunidad o su historia (de hecho, a menudo esta unanimidad no existe); pero sí debe existir un mínimo de consenso entre los miembros. El filósofo Alasdair MacIntyre ha desarrollado un concepto sobre «tradiciones vivas» que afirma que las tradiciones son algo muy distinto al consenso y a la simple repetición del pasado. Define una tradición viva como «un argumento extendido en el tiempo cuyas peculiaridades se definen y redefinen».[7] Puede parecer raro definir una tradición como un «argumento» extendido en el tiempo, pero esta definición sugiere que cualquier tradición (por ejemplo, cooperación política, prácticas pedagógicas o actividad artística) debe incluir debate continuo acerca de qué es y cómo legitimarla o cambiarla. Las tradiciones no son monolíticas e inmutables (las únicas que lo son, son las tradiciones históricas), sino dimensiones vivas, dinámicas y en movimiento.

Al participar en esas tradiciones (en la vida familiar, la pedagogía, el trabajo, el arte, el deporte, etcétera) nos convertimos en personas. Sólo podemos comprendernos a nosotros mismos si conocemos las tradiciones de donde venimos y en el marco de las cuales vivimos. Esto es algo muy banal, pero

---

7. La cita es de *Whose Justice? Which Rationality?*, University of Notre Dame Press, 1988, pág. 12.

se olvida a menudo debido al entusiasmo por el futuro: sin tradiciones del pasado, nada tiene sentido. Cualquier significado e importancia que pueda tener una acción o un producto cultural depende de una práctica desarrollada a nivel histórico; por eso hay que vivir en el pasado para entenderse a uno mismo en tanto entidad cultural e histórica. Es el único modo de encontrar una base sobre la que ser uno mismo.

Según el estoico Séneca, quienes andan demasiado ajetreados no piensan en el pasado: «De manera que a los atareados sólo les corresponde el tiempo presente, que es tan corto que no se puede agarrar, y ese mismo tiempo, puesto que están distraídos en tantas cosas, se les escamotea», dijo. Quien quiere prestar atención a demasiadas cosas a la vez no puede mantenerse firme en ninguna parte. Séneca continúa: «Es propio de una mente tranquila y serena recorrer todas las etapas de su propia vida; los espíritus de los atareados, como puestos bajo un yugo, no pueden darse la vuelta y mirar atrás. Sus vidas se van, pues, a lo hondo». En su opinión, lo bueno del pasado es que «todos los días del tiempo pasado, no más deis la orden, se presentarán juntos, se dejarán examinar y retener a tu albedrío, cosa que los atareados no tienen tiempo de hacer».[8]

Esto significa que es importante prestar atención a tu propio pasado, pero también al pasado de la cultura de que

8. Todas las citas son de Séneca (1996), *Om livets korthed*, Gyldendal, Oslo, pág. 30. (trad. cast. Séneca, *Sobre la brevedad de la vida*. Biblioteca Virtual de Andalucía, Consejería de Cultura).

Sé tú mismo

formas parte. Y mejor aún, participar en las tradiciones vivientes. Si estás aprendiendo a hacer un trabajo manual o a tocar un instrumento, sabrás que sólo es posible hacerlo porque esa práctica en concreto tiene una historia larga y profunda que estás ayudando a mantener y desarrollar cuando recreas aspectos de la misma. Participar en las tradiciones vivas significa formar parte de la profundidad histórica de nuestras vidas y nos sirve para aprender que no todo va necesariamente hacia delante. Por ejemplo, hoy en día es imposible construir violines tan buenos como los que fabricó Stradivarius hace más de 300 años. Y no sólo somos incapaces de fabricar instrumentos tan exquisitos como esos, sino que hasta tenemos dificultades para producir cualquier objeto que pueda durar 300 años (y quizás mejorar cada vez más durante ese tiempo). Nuestra atención por el futuro es cortoplacista y a menudo se limita a nuestra propia vida. Si alguna vez tienes la suerte de tener un Stradivarius en las manos, piensa en el virtuoso luthier que lo construyó y en todos los músicos virtuosos que lo han tocado a lo largo de los siglos. Bueno, admito que estoy echando mano del conservadurismo más banal, pero es difícil resistirse a hacerlo si lo comparamos con los objetos producidos en masa de hoy en día.

Aunque no tengas la suerte de poder acceder a tradiciones vivas de este tipo ni estés en una comunidad apasionada por el arte o la música, todavía puedes hacer algo. Como he escrito en el preámbulo de esta sección, repítete las cosas. Inspírate en modelos que hayan echado raíces. Insiste en tu

Vive en el pasado

derecho a no moverte. Puede ser bastante entretenido insistir que todo tiempo pasado fue mejor en una conversación en que algún conocido esté hablando con entusiasmo sobre el futuro. No es que sea verdad (del todo) que antes todo fuese mejor, pero podemos usarlo como útil contrapeso al dogma opuesto: que lo nuevo es necesariamente bueno, o que podemos apropiarnos de cualquier cosa que necesitemos sin tener en cuenta el pasado para nada. La repetición y la tradición pueden resultarnos muy valiosos y la innovación, provocarnos graves problemas. Aun a riesgo de sembrar confusión, quiero añadir que, en un sentido más profundo, cualquier repetición es innovadora. Yo me repito a menudo, por ejemplo, cuando doy clases o conferencias, pero cada vez es única y tiene su propio estilo. Cuando alguien ya tiene dos hijos y va a por el tercero, nadie le dice «vaya, otro». Aunque, en cierto modo, con los hijos nos repetimos a nosotros mismos, cada uno es único y cada repetición requiere la misma atención e improvisación que las demás. Tener hijos es una tradición viva. Los buenos padres (¿quizás como los tuyos?) pueden desempeñar el papel de modelos a seguir porque han echado raíces. Es difícil imaginarse nada más importante que una relación vinculante con personas (niños) de los cuales eres responsable. En lo que se refiere a ser responsable de otras personas, la estabilidad es más importante que la movilidad.

Conclusión
El estoicismo en una cultura acelerada

Ahora que has hecho los 7 pasos de este libro, seguro que eres más capaz de resistir el imperativo del progreso histérico de nuestro tiempo. La idea es que te hayas apropiado de una serie de conceptos que te sirvan para resistir el tirón de esta cultura, que a muchos de nosotros nos genera un cierto malestar. Si todo va bien, podrás distanciarte críticamente de la «cultura acelerada», cuyo ritmo no para de aumentar y cuyo habitante ideal es una persona sin ataduras y con relativamente pocas obligaciones: es decir, una persona que antepone la movilidad a la estabilidad, como hemos dicho más arriba. El individuo experimenta cada vez más a menudo que se lo considera responsable de su propio destino y de sus propios éxitos. El ideal es un individuo fuerte, que se conoce a sí mismo, se coloca a sí mismo (y al concepto del yo) en el centro, se mira el ombligo y usa sus competencias personales y sentimentales tanto en su trabajo como en su vida personal (incluidas las relaciones de pareja) para alcanzar sus fines. Esta persona tiene que encontrar por sí sola su camino en la vida, así como su propia vara de medir (para saber si tiene éxito), ya que todas las respuestas tienen que venir de dentro y, justamente por eso, hay que pagar terapias, *coaching* y asesoramiento que le ayuden a ser más capaz de conocerse a sí mismo, ser positivo y aprovechar todo su potencial. Una lar-

Sé tú mismo

ga serie de tecnologías de desarrollo personal están institucionalizadas en distintos entornos sociales, como, por ejemplo, las reuniones de desarrollo profesional o los cursos de desarrollo personal, aparte del sector de la autoayuda.

Espero que con la lectura de este libro no sólo hayas adquirido un lenguaje que te permita entender estas corrientes y verbalizar tu malestar, sino que también hayas obtenido una serie de técnicas que te ayuden a ser tú mismo en lugar de desarrollarte de manera constante. Has aprendido a mirarte menos el ombligo, a centrarte más en lo negativo, a decir que no, a reprimir tus sentimientos, a despedir a tu *coach* (y a otros profesionales del desarrollo personal), a no leer libros de autoayuda, sino novelas, y a vivir en el pasado en lugar de centrarte en el futuro. He pintado una imagen muy negativa para contrarrestar la tiranía del progreso constante de nuestra época, pero soy consciente de que esta imagen corre el riesgo de acabar tan distorsionada como la aclamación positiva del yo, nuestro interior, la vida emocional, la autenticidad, el decir siempre que sí y el desarrollo personal. Mi esperanza es que describir los polos opuestos de este modo sirva para que los lectores perciban la absurdidad de las ideas imperantes en la cultura acelerada. Es absurdo no echar nunca raíces, ser siempre positivo y mirar al futuro y ponerse a uno mismo en el centro de toda la existencia. Y no sólo es absurdo, sino que además tiene consecuencias negativas para las relaciones humanas, ya que conlleva reducir al resto de personas a instrumentos que pueden servir en la búsqueda del éxito en lugar de ser fines en sí mismas, perso-

Conclusión

nas a las cuales nos unen obligaciones éticas. Sin embargo, admito que también es absurdo ser siempre negativo, decir que no a todo y reprimir los sentimientos en todo momento.

En esencia, mi punto de vista es pragmático y sé que no hay nada que funcione absolutamente siempre. Aparte de algunas generalidades evidentes en sí mismas y muy abstractas (por ejemplo, que cuando uno se compromete a algo, tiene que hacerlo)[1] apenas hay nociones filosóficas que sean siempre ciertas. Ésta es precisamente la esencia del pragmatismo: las ideas son herramientas que la humanidad ha desarrollado para resolver los problemas de la existencia, y si estos problemas evolucionan, también tendrán que hacerlo las herramientas intelectuales que tenemos para afrontar la vida.[2] El punto de partida de este libro es justamente

---

1. He utilizado en varias ocasiones la expresión «cumplir con su deber» a lo largo de este libro, pero no he detallado en qué consiste este deber, porque creo que el deber siempre es concreto y no determinado de un modo abstracto. Tenemos el deber de hacer determinadas cosas según relaciones concretas con otras personas. Tenemos obligaciones como madre, padre, miembros, empleados, profesores, alumnos, etcétera. En su obra, K.E. Løgstrup resaltó el mandato ético que entraña usar el poder que tenemos inevitablemente sobre los demás por su bien y no por el bien propio. La formulación de este mandato es cercano al concepto de deber de este libro y es igual de abierto y concreto. Véase *Den etiske fordring*, Gyldendal, Copenhague, 1991, or. 1956.

2. En mi opinión, el filósofo pragmático más apasionante es John Dewey, sobre quien he escrito artículos y libros, uno de los cuales (en danés) es *John Dewey – en introduktion*, Hans Reitzels Forlag, Copenhague, 2006.

que, a lo largo de los últimos cincuenta años, los problemas han cambiado. Mientras que anteriormente los problemas típicos eran que la gente se quedaba anclada (y solían llevarse vidas muy estables con muy poca movilidad), hoy en día lo que ocurre es que las cosas son demasiado flexibles. En la sección 4 he descrito la diferencia entre la antigua cultura de la prohibición (cuya moralidad giraba alrededor de una serie de reglas que no se podían incumplir) y la actual cultura de las órdenes (cuya *etos* fomenta el desarrollo, la adaptación y la flexibilidad). Antiguamente el problema era que la gente quería demasiado; ahora, es que nunca logran hacer suficiente en una sociedad que cada vez exige más.

En los ámbitos de la economía y la ecología, se debate si existen «límites de crecimiento» y deberíamos trasladar ese debate al humanismo y la psicología. ¿Hay un límite a partir del cual crecimiento y desarrollo dejan de ser positivos? Mi respuesta es que sí y, en mi opinión, la negatividad del libro (su relación antitética a todo lo relativo a desarrollo y positivismo) está justificada en una era de filosofía del crecimiento ilimitado. El objetivo primordial del libro es instaurar la duda como virtud legítima y necesaria en la actualidad. La duda de si el yo puede ser el centro de atención constante. La duda de si el desarrollo (personal) es intrínsecamente positiva. La duda de si las ideas imperantes son buenas para la gente.

Si aceptamos la duda como virtud, también debemos aplicarla a las recomendaciones de este libro. Mi principal duda acerca de mis ideas es en qué medida esta alternativa negativista, en el fondo, acepta tácitamente la premisa individualista que quiere rebatir. ¿No estaré complicando la vida todavía más a los lectores al animarlos a seguir los pasos de este libro? Es una preocupación justificada, pero como ya he dicho, mi esperanza es que invertir la lógica de la locura del desarrollo personal sirva para sacar a relucir su absurdidad. Podemos afirmar con bastante certidumbre que ni el pensamiento positivo ni el pensamiento negativo van a resolver los problemas del mundo, pero aun así creo que la reflexión estoica puede suponer una especie de bálsamo ante el consumismo y la tiranía del progreso. Pero este bálsamo, a fin de cuentas, no es más que un tratamiento sintomático y necesitamos otros tipos de debate y actuaciones (políticos, económicos, etcétera) para curar los grandes problemas de hoy en día, como las crisis económicas y ecológicas globales, los sistemas financieros y el paradigma del crecimiento que llevan asociado. Espero que este libro resulte útil como una pequeñísima parte de este debate.

El estoicismo

A lo largo del libro me he referido en varias ocasiones al estoicismo romano y he acudido a pensadores que considero lúcidos, especialmente Marco Aurelio, Epicteto y Séneca; pero espero que el lector entienda que, por mucho que admire a estos filósofos, mi relación con el estoicismo es, en primera instancia, una relación pragmática. Esto significa que no creo que tenga sentido preguntarse si el estoicismo es una verdad absoluta, aplicable en todas partes y en todo momento, sino que pienso

Sé tú mismo

que deberíamos plantearnos si esta filosofía es útil ante los problemas de la sociedad. Y a mi parecer, esta filosofía antiautoayuda lo es. En parte porque hace hincapié en el autocontrol, el sentido del deber, la integridad, la dignidad, la paz mental y la voluntad de aceptarse a uno mismo (en lugar de encontrarse) y en parte porque varios estoicos estaban convencidos de que esta filosofía podía incorporarse a la vida diaria de un modo muy concreto, por ejemplo con las técnicas que he explicado, como visualización negativa (imaginarse que uno pierde lo que tiene) y visualización proyectiva (ganar perspectiva imaginando que lo que nos ocurre le ocurre a otra persona). Los estoicos creían en la razón y pensaban que para alcanzar la felicidad más profunda había que afrontar cara a cara lo inevitable: que la vida es finita y que todos vamos a morir.

Los seres humanos son vulnerables y no especialmente autosuficientes. Nacemos como niños indefensos y a menudo enfermamos, envejecemos y quizás dejamos de poder valernos por nosotros mismos y, al final, morimos. Ésta es la realidad de la vida, pero gran parte de la filosofía y la ética Occidental se basa en la idea del individuo fuerte y autónomo, y olvida que en el fondo somos seres débiles y vulnerables.[3] El estoicismo se caracteriza por partir del lema *me-*

---

3. Éste es el tema principal de MacIntyre, A. (1999). *Dependent Rational Animals: Why Human Beings Need the Virtues*, Carus Publishing Company, Chicago. En esta obra, MacIntyre pone nuestra existencia como seres vulnerables y animales en el punto de fuga para el desarrollo de una ética de la duda.

mento mori, que se acompaña de una mentalidad social y de sentido del deber: y es que aunque seamos frágiles y mortales, estamos juntos, y ser conscientes de ello debería despertar solidaridad y animarnos a ayudarnos entre nosotros. Básicamente, la idea de estos siete pasos es ayudar a cumplir con este deber. La vida no debería girar en centrarse en objetivos triviales ni en crisis identitarias adolescentes (aunque en ciertas fases de la vida puedan ser útiles), sino en cumplir con nuestro deber. Y el estoicismo es útil, ya que, que yo sepa, es la disciplina que ha convertido este objetivo en su razón de ser. Quizás, después de leer el libro, te interesa saber más sobre el estoicismo, así que acabaré con una breve presentación de los principales estoicos y sus ideas.

El estoicismo griego

El estoicismo romano es más conocido y también es la filosofía a la cual me he referido a lo largo del libro, pero el estoicismo ya existía en la antigua Grecia, donde era una de las distintas escuelas filosóficas que competían entre sí. Estas escuelas bebían de distintos modos de los sistemas fundamentales de Platón y Aristóteles y habían desarrollado muchos de sus pensamientos hasta convertirlos en filosofías de vida prácticas. El primer estoico fue Zenón de Citio (333-261 a.C.). Llegó a Atenas desde Chipre después de un naufragio y conoció por casualidad a Crates de Tebas, de la escuela cínica. En aquella época el cinismo tenía un significado muy distinto al de hoy en día. En Grecia, los cínicos querían librarse de la dependencia del mundo material, con todos sus lujos y símbolos de categoría social, y vivían en pobreza como ascetas. El más famoso fue Diógenes, de quien se sabe que vivía en un barril y pasaba olímpicamente de las convenciones y ambiciones de la sociedad.[4]

Zenón se convirtió en alumno de Crates, pero con el tiempo se fue sintiendo cada vez más atraído por ideas teóricas y no tanto por la vida extremadamente ascética de los cínicos y así fue como se convirtió en el fundador del estoicismo como filosofía práctica y teórica. La palabra «estoicismo» viene de la palabra griega *stoikos*, que significa pórtico, ya que los estoicos se reunían y predicaban en un lugar de Atenas llamado *Stoa poikile* («pórtico pintado»). Por tanto, el estoicismo, cuyo nombre viene del nombre de un lugar de la ciudad de Atenas, se deriva del ascetismo de los cínicos, pero no es lo mismo. Zenón y los estoicos posteriores no renunciaban a las cosas buenas de la vida, sino que defendían que había que estar dispuesto a perderlas tarde o temprano. La idea, pues, era que la comida buena o las comodidades no tenían nada de malo, siempre y cuando uno se cuidara de no desarrollar dependencia de estas cosas. Zenón también vinculó la filosofía práctica (incluida la ética) con disciplinas más teóricas y cien-

---

4. Mi trayecto filosófico-histórico se basa en *A Guide to the Good Life: the Ancient Art of Stoic Joy* de William Irvine (Oxford, 2009) (trad. cast. (2019) *El arte de la buena vida. Un camino hacia la alegría estoica*, Paidós, Barcelona).

Conclusión

tíficas, como la lógica y la física (que en aquella época era una especie de cosmología). Esto destaca el interés de los estoicos en la persona como ser racional, es decir, como ser que no sólo está sometido a apetitos e instintos, sino que es capaz de usar la razón para limitar sus necesidades e instintos hasta un cierto punto, cuando hacerlo tiene sentido. Y ese sentido es, a menudo, vivir bien. Una buena vida es el objetivo del estoicismo de Zenón (y de los estoicos posteriores), pero lo que ellos consideraban «una buena vida» difiere mucho de lo que entendemos hoy en día, ya que ahora es un concepto más vinculado al hedonismo, es decir, a una filosofía de los deseos, una vida llena de experiencias positivas, emocionantes y variadas. Para los estoicos griegos, la buena vida (*eudaimonia*) tenía mucho más que ver con la virtud, con vivir conforme a la ética: llevar el tipo de vida que permite a la persona florecer en el sentido literal de la palabra y realizar su humanidad.

Para los estoicos, la «virtud» no estaba relacionada con la moral romana (como sí lo está actualmente cuando alguien habla —de un modo algo obsoleto— de «una mujer virtuosa»), sino que era un conjunto de rasgos que permitían a la persona vivir conforme a su naturaleza. En este sentido, el concepto de virtud se puede aplicar a todos los seres vivos y a cualquier cosa que tenga una función. La virtud del cuchillo es cortar; un cuchillo que corta bien es un buen cuchillo. La virtud del corazón es bombear sangre; un corazón que bombea bien es un buen corazón. Del mismo modo, una persona es buena si hace lo que dicta su naturaleza. Pero ¿qué tenemos que hacer? Aquí los estoicos seguían a Platón

Sé tú mismo

y Aristóteles y pensaban que la función del ser humano es usar la razón, porque ningún otro ser vivo posee algo parecido a la razón humana. Somos capaces de pensar y hablar, de razonar con lógica y de redactar principios racionales de interacción humana (leyes). Eso nos permite distanciarnos (y hasta un cierto punto reprimir) los deseos corporales que, en tanto que seres vivos, también tenemos. Eso es algo que no puede hacer ningún otro animal (que sepamos); y, de hecho, ni siquiera todos los seres humanos son capaces de hacerlo. Sin embargo, practicando la virtud se aprende a dominar estos deseos y hasta puedes convertirte en un sabio estoico y actuar como ejemplo de otros. Según los estoicos, un hombre capaz de usar su razón de este modo podrá cumplir su deber, ya que verá con más claridad qué curso de acción es moralmente correcto en una situación determinada. No somos una mezcla de sentimientos o impulsos egoístas. En este sentido, la razón tiene una vertiente teórica (la razón que se utiliza en disciplinas como la lógica o la astronomía) y una vertiente práctica (es decir, orientada hacia una buena vida a nivel individual y colectivo). Los humanos somos seres racionales (*zoon politikon*, para usar el término de Aristóteles), es decir, seres sociales que pueden construir un orden social racional, especialmente mediante el uso de leyes.

A la muerte de Zenón, Cleantes (331-232 a.C.) asumió el liderazgo de la escuela estoica y le sucedió Crisipo, (282-206 a.C.), más conocido, que hizo mucho por la popularización del estoicismo como filosofía de vida. Después de su muerte, las ideas estoicas llegaron a Roma (alrededor del

Conclusión

140 a.C.), donde Panecio (185-110 a.C.) sentó las bases del estoicismo romano y trabó amistad con romanos famosos como Escipión el Africano (uno de los militares más famosos de la historia, que derrotó, entre otros, a Aníbal). Uno de los rasgos más particulares del estoicismo es que se trata de una filosofía que ha llamado mucho la atención de las clases sociales más altas. Un destacado caso concreto es el de Marco Aurelio, el famoso emperador filósofo de Roma. El estoicismo llegó como una disciplina centrada en la virtud, pero en Roma la virtud fue sustituida por la serenidad. Los estoicos siguieron considerando que la virtud era importante y apelando a la gente a cumplir con su deber, pero consideraban que serenidad era un requisito previo. Pensaban que nadie podía cumplir con su deber sin serenidad, se consideraba indispensable para cultivar la virtud.

En el paso de estoicismo griego a romano se reduce el interés por la lógica y la física. Los estoicos griegos entendían el mundo como un conjunto (un cosmos) y desde el punto de vista filosófico eran monistas, lo cual significa que creían que todo está formado por la misma sustancia. Eso también se aplica a su psicología (la ciencia del alma) y en este sentido estaban en la misma línea que la ciencia moderna, que ha abandonado la idea de que haya diferentes sustancias en el mundo (por ejemplo alma/cuerpo), aunque hubiese variedad de opiniones entre los estoicos. En cambio, la ciencia moderna (me refiero a la visión científica del mundo que empezó a aparecer con Galileo y compañía a principios del siglo XVII y siguió con Newton) plantea otros

Sé tú mismo

desafíos al estoicismo. Uno de los más importantes tiene que ver con la insistencia de los estoicos en que los seres humanos tienen un propósito ligado de la naturaleza humana en sí. La ciencia natural mecánica moderna rechaza la idea griega de propósito, significado y valor en la naturaleza, y la considera un sistema mecánico que funciona siguiendo principios determinados como causa y consecuencia, principios que pueden formularse como leyes naturales (como dijo Galileo, «el libro de la naturaleza está escrito en el idioma de las matemáticas»). Si existen propósito, significado y valor, no son más que proyecciones psicológicas sobre una naturaleza que carece de dichas características por sí misma. No podemos profundizar en este punto ahora, pero aquí vemos que el cambio en la percepción de las ciencias naturales que el sociólogo Max Weber llamó «desencantamiento del mundo» también abre el camino a un «re-encantamiento» de la mente humana, ya que ahí es donde hoy en día debemos intentar encontrar los aspectos más importantes de la vida, como la ética y los valores. El precio a pagar es que estos aspectos se vuelven subjetivos, entran en el terreno de la psicología, y dan lugar a ideas como que lo que importa es el interior o la religión del yo que he descrito en este libro. Si el mundo exterior, que es un sistema puramente mecánico, no puede darnos soluciones a las grandes cuestiones de la vida, empezamos a deificar el mundo interior.[5]

5. Quien mejor cuenta esta historia es Charles Taylor en *Sources of the Self: The Making of the Modern Identity* (Cambridge University Press,

Conclusión

El estoicismo nos permite «re-encantar» el mundo (y no solamente el misterioso «mundo interior») y así ahorrarnos tener que buscar como locos respuestas dentro de nosotros mismos. Está de más decir que no podemos simplemente copiar una cosmología que se desarrolló hace 2500 años en la antigua Grecia, sino que tenemos que entender a nuestra manera cómo «lo externo» puede indicarnos el camino. La idea central de este libro (que coincide con el estoicismo) es que revisando las tradiciones, prácticas sociales y relaciones de las que formamos parte, así como los deberes que de ellas se derivan, tal vez podamos recuperar la capacidad de plantear preguntas sobre el significado y el valor de la vida. Sin embargo, esto requiere que renunciemos a nuestra continua preocupación por lo interior y por el desarrollo personal y que aprendamos a conectar de maneras más adecuadas con las relaciones significativas que ya existen en nuestras vidas. Reflexionando de este modo, quizás podremos cumplir las expectativas, llevar vidas más virtuosas (en el sentido estoico de la palabra) y tener más serenidad con la convicción de que todo tiene sentido. Pero volvamos a los estoicos y veamos qué pasó cuando el estoicismo llegó a Roma.

1989) (trad. cast. (1996), *Fuentes del yo: la construcción de la identidad moderna*, Paidós, Barcelona).

El estoicismo romano

Según la mayoría de filósofos e historiadores de las ideas, los estoicos romanos más importantes fueron Séneca, Epicteto y Marco Aurelio. Quizás Séneca fuese el que mejor escribía de los tres. En Dinamarca tenemos su obra traducida y prologada por Villy Sørensen en distintos libros.[6] Nació aproximadamente el año 4 a.C. en Córdoba y se convirtió en un hombre de negocios con mucho éxito en Roma, donde también era senador. Su dinero podría explicar por qué el emperador Nerón lo nombró consejero. El año 41 d.C., después una intriga política (algo habitual en aquella época), fue desterrado a Córcega y despojado de su riqueza debido a una acusación (probablemente falsa) de haber mantenido relaciones sexuales con una sobrina del emperador (que por aquel entonces era Claudio). En Córcega, Séneca tuvo la oportunidad de profundizar en el pensamiento filosófico y fue allí donde desarrolló sus ideas estoicas. Sin embargo, ocho años más tarde fue perdonado y volvió a Roma, donde se convirtió primero en maestro de Nerón y finalmente en su consejero, cuando Nerón subió al trono. Séneca se suicidó el año 65 d.C. por orden de Nerón (que pensaba que Séneca conspiraba contra él); aparte de la de Sócrates, su muerte es probablemente la más misteriosa de la historia de la filosofía. Se dice que se cortó las venas de las muñecas y bebió un veneno, pero no

6. Sørensen, Villy (1976). *Seneca: Humanistenved Neros hof*, Gyldendal, Oslo.

Conclusión

murió; al cabo de mucho rato, sus amigos lo trasladaron a un baño de vapor, donde se ahogó y murió por fin.

Los textos de Séneca (que he citado varias veces a lo largo del libro) son excepcionalmente prácticos y concretos. La mayoría son cartas a amigos y conocidos que incluyen buenos consejos e instrucciones sobre cómo vivir, siempre teniendo en cuenta la brevedad de la vida. Si un lector moderno le preguntara cómo sacar el máximo rendimiento a esta vida tan breve, Séneca no contestaría que hay que reunir el máximo de experiencias posible, sino llevar una vida sosegada con serenidad y mantener los sentimientos negativos bajo control. Los textos de Séneca reflejan una visión de la humanidad que recuerda a lo que predicaba (casi al mismo tiempo) Jesús de Nazaret y es fácil comprender por qué a menudo sus ideas se comparan con las del cristianismo (aunque en el caso de Séneca, sin aspectos metafísicos): «Para no irritarte contra algunos, has de perdonarlos a todos; necesario es conceder indulgencia al género humano», opinaba Séneca.[7]

Epicteto nació como esclavo hacia el año 55. Era propiedad del secretario del emperador, de modo que seguramente estuvo en contacto con la vida intelectual de la corte. A la muerte de Nerón se le concedió la libertad, algo que no era inusual entre los esclavos bien educados e inteligentes. Epicteto abandonó Roma y fundó su propia escuela filosófica en

---

7. Séneca (1975). *Om vrede, om mildhed, om sindsro*, Gyldendal, Oslo, pág. 7. (Cita en español de Séneca (2003), *De la ira*, Editorial del cardo, Valparaíso).

Sé tú mismo

Nicópolis, en Grecia Occidental. Irvine explica que Epicteto quería que sus estudiantes se sintiesen mal al salir de la escuela: como si hubiesen ido al médico y hubiesen recibido malas noticias.[8] ¡Entrar en el pensamiento estoico y aprender a reflexionar sobre la brevedad de la existencia no era ningún camino de rosas! Epicteto también dio consejos filosóficos muy concretos y describió todo tipo de situaciones (de insultos a incompetencia de los criados) y cómo afrontarlas. Como el resto de estoicos, tenía el objetivo de vivir con serenidad y dignidad, incluso en momentos de adversidad. Para conseguirlo, había que llevar una vida basada en la razón, el elemento esencial de la naturaleza humana. Por ejemplo, Epicteto usaba su razón para distinguir entre lo que se puede controlar y lo que no. Debemos prepararnos para lo que no podemos controlar (como el tiempo, las finanzas del Estado o la propia mortalidad), pero molestarnos o angustiarnos por ello es una pérdida de tiempo. Hay que practicar para adoptar un enfoque activo hacia todo aquello en lo que sí se pueda influir (por ejemplo, ser una persona más generosa) y para distinguir una cosa de la otra se necesita la razón.

Marco Aurelio (121-180 d.C.) es conocido como el emperador filósofo. La filosofía y los asuntos intelectuales le interesaron desde niño y de adulto siempre reservó tiempo para pensar y escribir, incluso cuando partía de campaña a los confines del imperio. Marco Aurelio fue uno de los mejo-

8. Irvine, A. (2009). *Guide to the Good Life*, Oxford University Press, pág. 52.

Conclusión

res emperadores de la historia de Roma y uno de los más humanos; quizás hasta el mejor de todos. Al contrario que la mayoría de emperadores, no le interesaban los logros personales y se tomó la política con calma; por ejemplo, para financiar guerras vendió propiedades imperiales en lugar de subir los impuestos. El historiador romano Dion Casio escribió que Marco Aurelio no cambió desde sus primeros años en política (cuando era asesor de Antonino Pío), hasta que murió. En otras palabras, se mantuvo firme en su integridad y basó todos sus actos en sus ideas del bien y del mal. Murió en el año 180 d.C. después de una enfermedad y tanto los ciudadanos como los soldados de Roma lamentaron su muerte. Sin embargo, su vida y su muerte no provocaron un gran aumento del interés por el estoicismo, ya que Marco Aurelio se tomaba su filosofía de vida como algo muy personal. Su libro más famoso, *Meditaciones*, que se publicó póstumamente, también se llama *Pensamientos para mí mismo*.

Cabe mencionar a otro romano, aunque no forma parte del estoicismo en sentido estricto: Cicerón (106-43 d.C.) es un nombre inevitable en la literatura y el pensamiento romano. Cicerón era político y estuvo implicado en los acontecimientos violentos que rodearon la muerte de Julio César. Tomó partido contra Marco Antonio, lo que acabó costándole la vida. En sus cartas y otros textos, Cicerón describe a los estoicos como «sus aliados» y cita la frase de Sócrates que dice que la filosofía es un ejercicio sobre cómo morir. Sus principales temas fueron la buena vida y la buena muerte, pero siempre le preocupó el bien general. Tal vez su mayor obra es

De officiis (*Los deberes*), en la cual se plantea (especialmente pensando en la definición que hizo Aristóteles del ser humano como animal racional) qué deberes concretos se asocian al hecho de ser humanos. Si quieres más información sobre algunos de los mejores textos jamás escritos por un político, te recomiendo *On Living and Dying Well*, una antología de cartas y discursos de Cicerón traducidos al inglés, en los que trata temas como el miedo a la muerte, la amistad y el deber.[9]

Si uno se siente incómodo con la tiranía del progreso, en la que el progreso carece de dirección y sentido, es agradable pensar que haya pensadores que desarrollaron hace más de 2000 años una filosofía vital fértil y razonada que puede enseñarnos a ser nosotros mismos. El simple conocimiento de esta tradición te dará herramientas para vivir en una cultura acelerada. Te consolará saber que hay una alternativa al eterno positivismo, al desarrollo personal y a la búsqueda de la autenticidad; una alternativa que defiende que lo mejor del ser humano es su sentido del deber, su serenidad y su dignidad. Claro que hay muchas cosas de los estoicos que ya no podemos tomarnos en serio (sobre todo, porque su filosofía vital está pensada muy concretamente para la vida en la Antigua Grecia y la Antigua Roma), pero aun así creo que deberíamos recuperar su visión general del ser humano para este siglo XXI, en el que hace más falta que nunca que aprendamos a ser nosotros mismos.

---

9. Cicerón (2012), *On Living and Dying Well*, Penguin Classics, Londres.

AGRADECIMIENTOS

Existen muchos libros sobre desarrollo personal, el afán de superación y la autorrealización. Miles de libros de autoayuda llegan a manos de los lectores todos los años en las librerías y la filosofía del desarrollo personal está cada vez más en boga, tanto en contextos de formación como de vida laboral.[1] Nuestra vida está marcada por reajustes y cambios constantes gestionados por un ejército de *coaches*, terapeutas y gurús que nos marcan un estilo de vida. Este libro intenta plantar cara a esta cultura del desarrollo y formular una alternativa. En resumen: no trata de cómo desarrollarse, sino de cómo ser uno mismo. Lo que hay que hacer no es encontrarse a uno mismo, sino vivir con uno mismo. Para empezar, este libro no recomienda pensamientos positivos, sino negativos. Y no está inspirado en las actuales filosofías pop como los Siete Buenos Hábitos, la espiritualidad o la Teoría U, sino en la filosofía del estoicismo, siempre sobria (¡aunque nunca aburrida!) que formularon en la Antigua

---

1. Mi interés por este ámbito empezó hará unos diez años y redacté junto a Cecilie Eriksen un artículo crítico inicial titulado *Selvrealisering: krisitske diskussioner af en grænseløs udviklingskultur* [Autorrealización: discusiones críticas sobre una cultura del desarrollo ilimitada], (Klim, Århus, 2005).

Roma un esclavo (Epicteto) y un emperador (Marco Aurelio). Puede sonar un poco raro, pero en el libro se explica.

Quiero dar las gracias a Lise Nestelsø y Anne Weinkouff de Gyldendal Business por haberme dado la oportunidad de publicar la versión original danesa de un libro tan radicalmente distinto a muchos otros de su catálogo. Justamente por eso creo que es la editorial idónea para el libro, y les agradezco su confianza, así como el intercambio de ideas que hemos mantenido durante el proceso de producción del libro, en el cual las lecturas y correcciones de Anne han resultado de gran ayuda. También quiero expresar mi agradecimiento a Anders Petersen, Ester Holte Kofod y Rasmus Birk, que han suministrado muchos comentarios útiles para el manuscrito.